Wie Unternehmen wirtschaften

Wirtschaft konkret: differenziert – fundiert – schnell vorbereitet

Katja Allani • Ellen Sandforth-Linder

AOL verlag

Impressum

Wie Unternehmen wirtschaften

Katja Allani ist Erzieherin und Lehrerin und unterrichtet an einer Sekundarschule in Nordrhein-Westfalen Deutsch, Wirtschaft und Technik. Seit einigen Jahren schreibt sie Unterrichtsmaterialien für Wirtschaft und Deutsch.

Ellen Sandforth-Linder war 15 Jahre erst angestellte, dann freie Eventmanagerin. Seit einigen Jahren ist sie Lehrerin und unterrichtet an einer Ganztagshauptschule in Nordrhein-Westfalen Wirtschaft, Englisch und Praktische Philosophie.

1. Auflage 2014

Veritaskai 3 · 21079 Hamburg
Fon (040) 32 50 83-060 · Fax (040) 32 50 83-050
info@aol-verlag.de ·www.aol-verlag.de

Redaktion: Kathrin Roth
Layout/Satz: Graph & Glyphe
Coverfoto: © Pixelot – Fotolia.com

ISBN: 978-3-403-10263-2
Printed in Germany

Engagiert unterrichten. Natürlich lernen.

AOL verlag

Inhaltsverzeichnis

Vorwort

Liebe Kollegin, lieber Kollege,

die Arbeitsblätter in diesem Heft sollen Ihren Unterricht im Fach Wirtschaft bereichern und Ihnen den Unterricht erleichtern.

Die Schwerpunkte der Aufgabensammlung liegen auf den Themen Wirtschaften und Arbeiten in Unternehmen und berücksichtigen damit Lehrplanvorgaben der Inhaltsfelder „Wirtschaften in Unternehmen" und „Zukunft von Arbeit und Beruf" sowie weitere Kompetenzziele der Bildungspläne.

Uns war wichtig, dass die Schülerinnen und Schüler verstehen, wie Unternehmen wirtschaften und sich auf Märkten verhalten, wie sie ihre Produktion organisieren und global handeln, aber auch, wie die Schüler ihre zukünftige Rolle als Arbeitnehmer und gegebenenfalls auch als Unternehmer erfolgreich wahrnehmen können. Deshalb finden Sie in unserem Arbeitsblattangebot auch Aufgaben, die Themen beinhalten, welche die Schülerinnen und Schüler tatsächlich in ihrem späteren Arbeitsleben brauchen können und Aufgaben, bei denen die Jugendlichen in die Rolle eines Unternehmers schlüpfen.

Wir haben versucht, den Schülern die Lerninhalte durch verschiedene Arbeitstechniken, Methoden und Sozialformen interessant und ansprechend nahezubringen: Schaubilder vervollständigen, Ankreuzaufgaben, Lückentexte, Mindmaps und Präsentationen erstellen, die Arbeit an Fallbeispielen und vereinfachten Gesetztestexten sowie Lese- und Zuordnungsaufgaben sind einige Beispiele hierfür.

Da die Aufgabensammlung für ältere Schüler konzipiert ist, finden Sie zu vielen Aufgaben umfangreichere, aber verständlich aufbereitete Texte. Zu jedem der fünf Kapitel gibt es jeweils eine Lernstandsüberprüfung, mit der Sie den Lernerfolg Ihrer Schülerinnen und Schüler testen können. Am Schluss jedes Kapitels erhalten Sie zudem Hinweise und Lösungen zu den einzelnen Aufgaben.

Zur besseren Übersicht verwenden wir Icons für die folgenden vier Sozialformen:

Aufgabe soll in **Einzelarbeit** bearbeitet werden

Aufgabe soll in **Partnerarbeit** bearbeitet werden

Aufgabe soll in **Gruppenarbeit** bearbeitet werden

Aufgabe soll im **Plenum** bearbeitet werden

Zusatzaufgaben erkennen Sie an diesem Symbol:

Zusatzaufgaben sind so gekennzeichnet.

Wir wünschen Ihnen und Ihren Schülerinnen und Schülern Erfolg, Spaß und einen hohen Nutzen beim Einsatz der Arbeitsblätter in Ihrem Unterricht.

Katja Allani und Ellen Sandforth-Linder

PS: Aufgrund der besseren Lesbarkeit werden in diesem Heft zumeist die männlichen Formen verwendet. Wenn von „Schüler" bzw. „Lehrer" die Rede ist, ist selbstverständlich auch immer die Schülerin bzw. die Lehrerin gemeint.

Unternehmen, private Haushalte, Wirtschaft: Wie hängt das zusammen?

Wir alle kaufen regelmäßig ein: Lebensmittel, Kleidung, Elektronikgeräte, ein neuer Haarschnitt … Alles, was wir einkaufen, wird von Unternehmen produziert. Ohne diesen Austausch gäbe es keine Wirtschaft. Wie all das zusammenhängt, verdeutlicht der einfache Wirtschaftskreislauf.

1 Schreibe die folgenden Begriffe richtig in die Lücken.

Dienstleistungen, Gehalt, Konsumgüter, Lohn, privaten Haushalte, Einkommen, Wirtschaftsteilnehmer, Arbeitskraft, Unternehmen, Konsumausgaben

Der einfache Wirtschaftskreislauf

Im Modell des einfachen Wirtschaftskreislaufs gibt es zwei .... Das sind einmal die .... – also Familien, Singles, Rentner, Wohngemeinschaften. Zum anderen sind es die .... – also Betriebe wie Handyhersteller, Handwerksbetriebe, Supermärkte, Bäckereien, Reisebüros usw. Um ihre Bedürfnisse befriedigen zu können, stellen die privaten Haushalte den Unternehmen ihre .... zur Verfügung. Dafür erhalten sie vom Unternehmen ihren .... bzw. ihr .... Mit diesem .... kaufen die privaten Haushalte den Unternehmen .... (wie Kleidung, Lebensmittel) oder .... (wie Haareschneiden, Reparatur, Beratung) ab. Das Geld, das die privaten Haushalte für den Kauf dieser Güter ausgeben, nennt man ....
Mit diesen eingenommenen Konsumausgaben produzieren die Unternehmen neue Güter und erzielen auch Gewinne. Die Einnahmen des einen sind also die Ausgaben es anderen.

2 Erkläre die folgenden Begriffe mit eigenen Worten:

a) Wirtschaftsteilnehmer:

....

....

b) Privater Haushalt:

....

....

c) Konsumgüter und Dienstleistungen:

....

....

d) Konsumausgaben:

....

....

Unternehmen, private Haushalte, Wirtschaft: Wie hängt das zusammen?

3 Setze die Begriffe richtig in die Grafik zum einfachen Wirtschaftskreislauf ein:

Löhne, Gehälter, Einkommen, ~~Arbeitskraft~~, Konsumgüter, Dienstleistungen, Konsumausgaben, Unternehmen, Private Haushalte

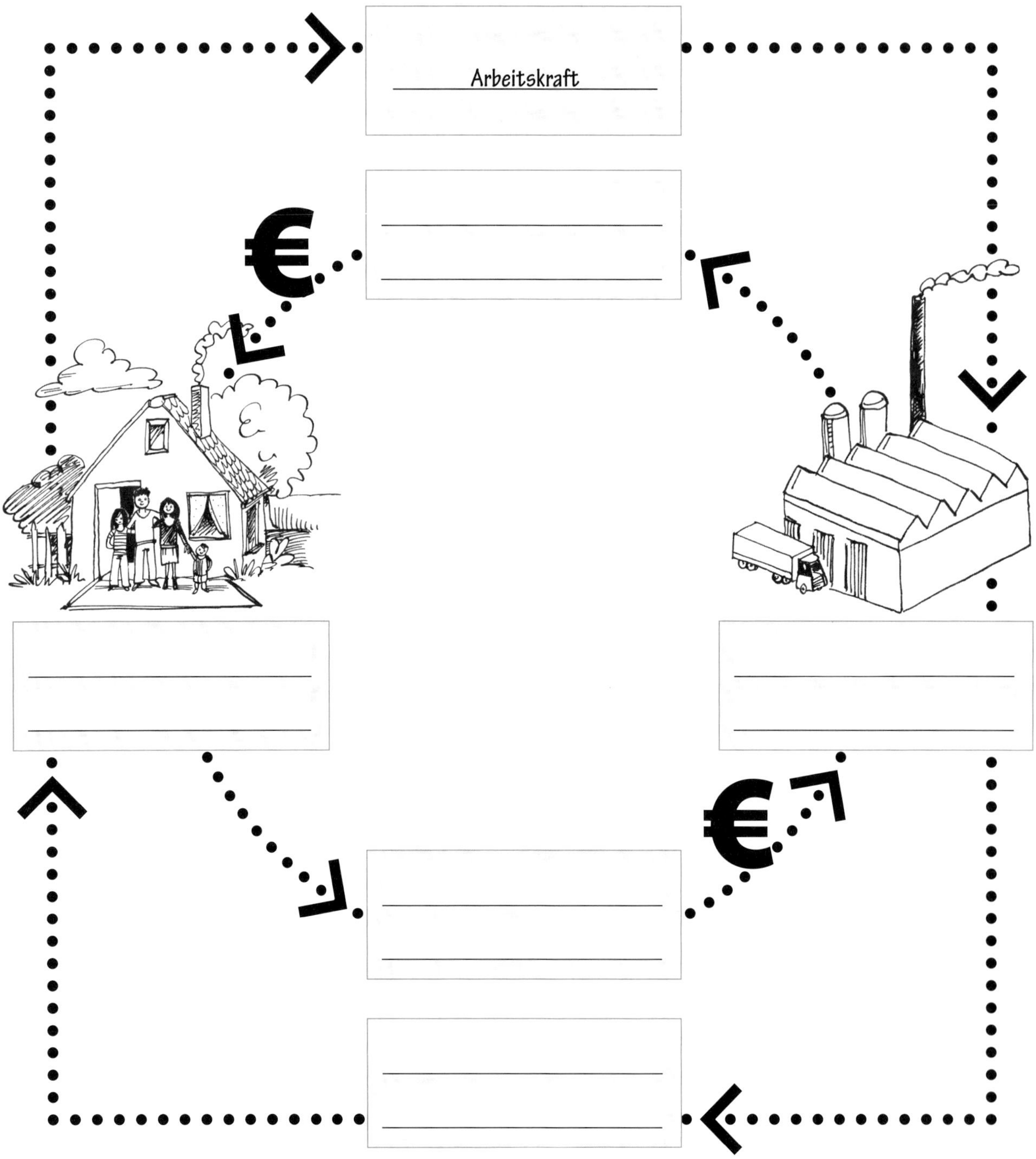

Name:	Klasse:	Datum:

Überprüfe dein Wissen! Der einfache Wirtschaftskreislauf

1 Beschrifte den einfachen Wirtschaftskreislauf mit den entsprechenden Begriffen.

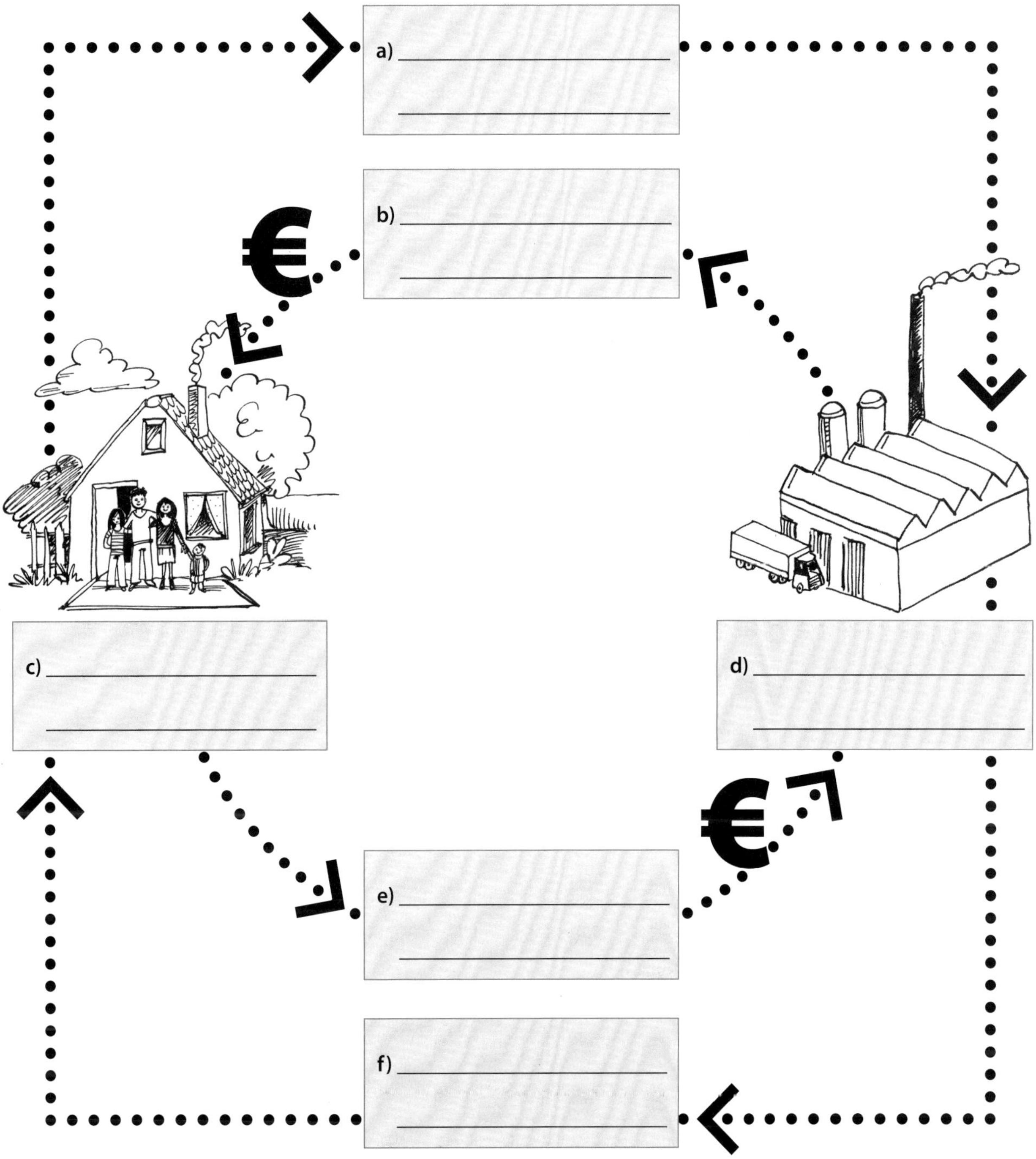

2 Ordne die folgenden Aussagen dem entsprechenden Buchstaben im einfachen Wirtschaftskreislauf zu.

a) Lauras Mutter arbeitet im Supermarkt. .....

b) Frau Günai bezahlt beim Friseur 40 €. .....

c) Herr Decker hat einen Betrieb, der Schuhe herstellt. .....

d) Die Schuhe werden in Schuhgeschäften an Kunden verkauft. .....

e) Rasid wohnt mit zwei Freunden in einer Wohngemeinschaft. .....

f) Familie Nguyen kauft gerne im Asialaden ein. .....

g) Für seine Arbeit als Tischler erhält Ansgar ein Gehalt vom Betrieb. .....

Hinweise und Lösungen

Seite 5–6 Unternehmen, private Haushalte, Wirtschaft: Wie hängt das zusammen?

Lösung zu Aufgabe 1
Der einfache Wirtschaftskreislauf
Im Modell des einfachen Wirtschaftskreislaufs gibt es zwei **Wirtschaftsteilnehmer**. Das sind einmal die **privaten Haushalte** – also Familien, Singles, Rentner, Wohngemeinschaften. Zum anderen sind es die **Unternehmen** – also Betriebe wie Handyhersteller, Handwerksbetriebe, Supermärkte, Bäckereien, Reisebüros usw. Um ihre Bedürfnisse befriedigen zu können, stellen die privaten Haushalte den Unternehmen ihre **Arbeitskraft** zur Verfügung. Dafür erhalten sie vom Unternehmen ihren **Lohn** bzw. ihr **Gehalt**. Mit diesem **Einkommen** kaufen die privaten Haushalte den Unternehmen **Konsumgüter** (wie Kleidung, Lebensmittel) oder **Dienstleistungen** (wie Haareschneiden, Reparatur, Beratung) ab. Das Geld, das die privaten Haushalte für den Kauf dieser Güter ausgeben, nennt man Konsumausgaben. Mit diesen eingenommenen **Konsumausgaben** produzieren die Unternehmen neue Güter und erzielen auch Gewinne. Die Einnahmen des einen sind also die Ausgaben es anderen.

Lösung zu Aufgabe 2
a) Wirtschaftsteilnehmer: Wirtschaftsteilnehmer sind auf der einen Seite Unternehmen, also Betriebe, die Waren herstellen bzw. Dienstleistungen anbieten, und auf der anderen Seite private Haushalte.
b) Privater Haushalt: Zu einem privaten Haushalt zählen Personen, die zusammen in einem Haushalt wohnen. Singles gehören auch zu den privaten Haushalten; sie sind eben Einpersonenhaushalte.
c) Konsumgüter und Dienstleistungen: Konsumgüter sind Güter wie Brot, Jeans, Handys etc., die hergestellt und verkauft werden. Dienstleistungen sind Serviceleistungen wie ein Haarschnitt, eine Beratung oder die Behandlung beim Arzt.
d) Konsumausgaben: Das ist das Geld, das die Haushalte z. B. für Essen, Wohnen, Kleidung etc. ausgeben.

Lösung zu Aufgabe 3: Der einfache Wirtschaftskreislauf

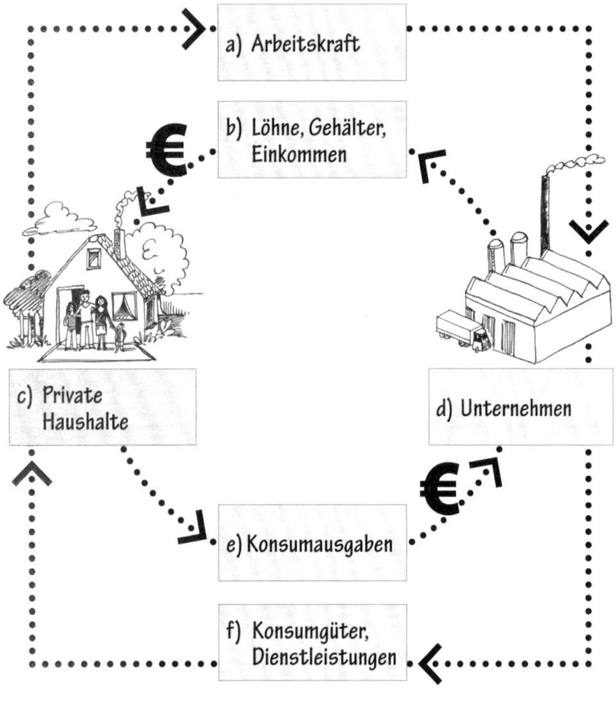

Seite 7 Überprüfe dein Wissen! Der einfache Wirtschaftskreislauf

Lösung zu Aufgabe 1
siehe Lösung zu Aufgabe 3

Lösung zu Aufgabe 2
a) Lauras Mutter arbeitet im Supermarkt. .... a
b) Frau Günai bezahlt beim Friseur 40 €. .... e
c) Herr Decker hat einen Betrieb, der Schuhe herstellt. .... d
d) Die Schuhe werden in Schuhgeschäften an Kunden verkauft. ...... f
e) Rasid wohnt mit zwei Freunden in einer Wohngemeinschaft. c
f) Familie Nguyen kauft gerne im Asialaden ein. .... e
g) Für seine Arbeit als Tischler erhält Ansgar ein Gehalt vom Betrieb. . . b

Einer kann nicht ohne den anderen: Unternehmen und private Haushalte

Unternehmen und private Haushalte, also wir Verbraucher, haben verschiedene Interessen: Unternehmen wollen produzieren und verkaufen. Verbraucher wollen Produkte zu einem guten Preis und in guter Qualität kaufen. Unternehmen benötigen das Geld aus dem Verkauf, um wieder neu produzieren und mit anderen Unternehmen Schritt halten zu können. Private Haushalte benötigen Produkte, um Bedürfnisse zu befriedigen und Wünsche zu erfüllen. Sie stellen ihre Arbeitskraft den Unternehmen zur Verfügung.

Damit Unternehmen produzieren können, müssen sie aber auch kaufen: Eine Bäckerei benötigt zur Produktion von Brötchen und Brot Backöfen, Knetmaschinen, Strom, Zutaten wie Mehl, Salz, Hefe oder Sauerteig, Backbleche und natürlich auch Arbeitskräfte. Unternehmen sind also nicht nur Produzenten und Verkäufer, sondern auch Käufer.

Viele Unternehmen stellen keine Produkte her, sondern organisieren den Kauf und Verkauf von Produkten für private Haushalte. Nicht das Produzieren, sondern das Anbieten von Waren und Dienstleistungen steht bei diesen Unternehmen im Mittelpunkt. Das ist zum Beispiel bei Supermärkten oder Autohäusern so. Oft werden dann auch Serviceleistungen wie Reparaturen, Inspektionen oder ein Lieferservice mit angeboten.

1 Ordne die folgenden Tätigkeiten dem Unternehmen oder dem privaten Haushalt zu.
Achtung: Manchmal passt ein Begriff zu beiden Gruppen.

produzieren / ge- und verbrauchen / ~~anbieten~~ / kaufen / Wünsche erfüllen / verkaufen / nachfragen / Bedarf haben

anbieten

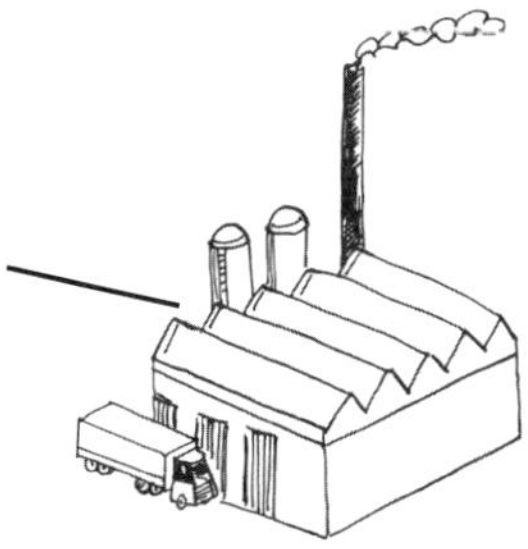

Unternehmen

Privater Haushalt

2 Markiere farbig, was auf Unternehmen und private Haushalte gleichermaßen zutrifft. Was stellst du fest?

3 Überprüfe, ob die folgenden Aussagen richtig oder falsch sind.
Setze vor die Aussage ein r für richtig oder ein f für falsch.

1. ..... Unternehmen produzieren, um ihre Produkte an private Haushalte zu verkaufen.
2. ..... Unternehmen kaufen von privaten Haushalten.
3. ..... Unternehmen kaufen von Unternehmen.
4. ..... Alle Unternehmen, die verkaufen, produzieren vorher.
5. ..... Unternehmen produzieren, um zu produzieren.
6. ..... Unternehmen können ohne private Haushalte nicht produzieren oder verkaufen.
7. ..... Private Haushalte können auch ohne Unternehmen gut leben.

4 Berichtige die Aussagen, die falsch sind.

Warum produzieren Unternehmen?

1 Erkläre mit eigenen Worten die folgenden Begriffe:

Gewinn, Existenz sichern, Schritt halten, Lebensstandard

2 Im folgenden Infotext fehlen die Überschriften. Wähle die jeweils richtige Überschrift aus und schreibe sie über die Textabschnitte.

- Unternehmen produzieren, um mit anderen Unternehmen Schritt zu halten
- Unternehmen produzieren, um ihre Existenz zu sichern
- Unternehmer produzieren, um sich und ihre Familien zu versorgen und einen gewünschten Lebensstandard zu erreichen und zu halten

....

....

Das Produzieren und Bereitstellen von Produkten zum Verkauf kostet Geld: Die Arbeitskräfte müssen bezahlt, Maschinen eingekauft und gewartet werden, Gebäude gemietet oder gekauft werden, Material wird verbraucht und muss ersetzt werden, Werkzeug wird benötigt, Energiekosten, Transportkosten und viele weitere Kosten kommen auf ein Unternehmen zu. Durch den Verkauf seiner Produkte kommt Geld in die Kasse des Unternehmens, mit dem es die weitere Produktion finanziert.

....

....

Auf dem Markt gibt es mehrere oder sogar viele Unternehmen, welche gleiche oder ähnliche Produkte anbieten. Die Käufer können entscheiden, was und bei wem sie kaufen. Deshalb müssen Unternehmen Produkte anbieten, die den Käufer überzeugen, z. B. durch den Preis, das Design, Neuentwicklungen, die Qualität eines Produkts und durch Werbung. Mit einem Teil seiner Gewinne finanziert ein Unternehmen die Produktentwicklung und die Werbung.

....

....

Arbeitskräfte, die in einem Unternehmen arbeiten, verdienen Geld, das sie zum Leben brauchen. Unternehmer sind meist in den Führungspositionen des Unternehmens tätig. Bei kleineren Unternehmen arbeiten der Unternehmer und oft auch Mitglieder seiner Familie in der Firma mit. Wie alle Menschen haben auch sie Bedürfnisse und Wünsche und benötigen Geld für sich und ihre Familien. Der Lebensstandard von Unternehmern ist oft gehoben und anspruchsvoller. Mit einem Teil der Gewinne können Unternehmer den höheren Lebensstandard für sich und ihre Familien finanzieren.

3 Entschlüssele den Merksatz, notiere ihn und lerne ihn auswendig.

Unternehmen produzieren, um Gewinne zu erzielen.

Diese brauchen sie

- um ihre Existenz zu sichern und
- um mit anderen Unternehmen Schritt zu halten.
- Unternehmer produzieren, um sich und ihre Familien zu versorgen und einen gewünschten Lebensstandard zu erreichen

Die Käufer: Erzieher von Unternehmen?

Unternehmen wollen möglichst hohe Gewinne erzielen. Deshalb versuchen sie, die Kosten für die Produktion und den Verkauf von Waren und Dienstleistungen gering zu halten, die Preise aber hoch. Alle Produkte, die sie herstellen und zum Verkauf anbieten, wollen sie „an den Mann bringen". Ob diese Rechnung so immer aufgeht?

1 Bearbeite diese Aufgabe alleine.

a) Erkläre, auf welchen drei Wegen Unternehmen versuchen, hohe Gewinne zu erzielen.

b) Überlege, ob diese drei Wege immer funktionieren. Begründe deine Aussagen.

2 Unternehmen müssen Verbraucher davon überzeugen, ihre Produkte zu kaufen. Notiere in der Tabelle Kriterien, die bei einem Verbraucher zu der Entscheidung führen könnten, ein bestimmtes Produkt zu kaufen. Schreibe Stichpunkte.

• niedriger Preis	• ....
•	• ....
•	• ....
•	• ....
•	• ....

3 Vervollständige die folgenden Aussagen.

Verbraucher können Unternehmen durch ihre Kaufentscheidungen „erziehen", weil sie selbst entscheiden können, ein Produkt zu kaufen oder nicht zu kaufen. Viele Verbraucher kaufen ein Produkt **nicht,** wenn

- ....
- ....
- ....
- ....
- ....

Unternehmen können die Kaufentscheidungen der Verbraucher beeinflussen, indem sie diese von ihren Produkten überzeugen. Ein Produkt kann Verbraucher zum Kauf überzeugen, wenn

- ....
- ....
- ....
- ....
- ....

Wie sich Preise auf dem Markt verändern

Wenn du häufiger einkaufen gehst, hast du sicherlich bemerkt, dass sich Preise ändern. Mal ist der Preis eines Produkts etwas teurer, mal etwas billiger. Bei Benzin, Obst und Gemüse und Kaffee ist dies besonders deutlich zu beobachten.

1 Bei welchen Produkten sind dir in letzter Zeit Preisänderungen aufgefallen? Nenne Beispiele.

2 Lies dir den Merksatz aufmerksam durch und erkläre ihn mit eigenen Worten.

Der Preis eines Produkts kann sich aus mehreren Gründen verändern:
- Die Herstellkosten eines Produkts verändern sich. (Beispiel …)
- Der Preis eines Produkts ändert sich, weil die Konkurrenten ihre Preise ändern. (Beispiel …)
- Angebot* und Nachfrage** auf dem Markt sind nicht im Gleichgewicht. (Beispiel …)

**Angebot: Die Menge eines Produkts, die Verkäufer zum Verkauf bereitstellen.*
***Nachfrage: Die Menge eines Produkts, die Verbraucher kaufen wollen.*

3 Bearbeite diese Aufgabe alleine.

a) Lies dir die folgenden Beispiele für Preisänderungen aufmerksam durch. Ordne dann die Beispiele den Gründen im Merksatz richtig zu. Schreibe dazu den entsprechenden Buchstaben in die Klammern.

b) Denke dir zu jedem Grund für eine Preisänderung ein eigenes Beispiel aus.

A: Eine Fleischerei erhöht ihre Preise, weil der Strom teurer geworden ist.

B: Im Baumarkt möchten im Frühjahr viele Menschen Gartenmöbel kaufen. Der Baumarkt hält 100 Gartenstühle und 25 Gartentische zum Verkauf bereit, die in kurzer Zeit ausverkauft sind. Daher wird die gleiche Anzahl von Gartenmöbeln zum Verkauf nachbestellt. Nach einem Monat konnten nur noch weitere 40 Gartenstühle und 10 Gartentische verkauft werden. Der Baumarkt senkt die Preise.

C: Im Lebensmitteldiscounter X sind Milchprodukte billiger geworden. Lebensmitteldiscounter Y zieht nach und setzt die Preise runter.

4 Was denkst du? Vervollständige die Sätze.

- Wenn Käufer mehr Produkte kaufen wollen, als der Verkäufer davon bereitstellt, dann kann dieser den

  Preis des Produkts ....

- Wenn Käufer weniger Produkte kaufen wollen, als der Verkäufer davon bereitstellt, dann kann er den

  Preis des Produkts ....

- Wenn Käufer genauso viele Produkte kaufen wollen, wie der Verkäufer davon bereitstellt, dann kann er

  den Preis des Produkts ....

5 Was denkt ihr? Beantwortet folgende Fragen:

a) Man spricht von einem sogenannten Mindestpreis. Woran könnte sich dieser orientieren?

....

....

b) Ein Unternehmen für LED-Leuchten möchte auf dem Markt seine neuen Produkte verkaufen. Wie würdet ihr den Preis festlegen und überprüfen, ob er hohe Verkaufszahlen bringt? Wie könntet ihr entsprechend reagieren?

....

....

Man ist selten allein ... Unternehmen auf dem Markt

Unternehmen, die auf dem Markt gleiche oder ähnliche Produkte anbieten, stehen untereinander in Konkurrenz. „Als Konkurrenz wird ganz allgemein ein Wettbewerb bezeichnet, der auf einem bestimmten Gebiet stattfindet." (Duden Fremdwörterbuch)

Unternehmen haben das Ziel, dass Käufer möglichst ihre Produkte kaufen. Der Markt kann unterschiedlich groß sein: Flugzeugbauer haben in der Regel einen weltweiten Markt, auf dem sie ihre Produkte anbieten können und untereinander in Konkurrenz stehen. Die gleichen Supermarktketten finden wir europaweit in vielen Ländern, sie stehen aber eher regional mit anderen Supermarktketten in Konkurrenz.

Es gibt eine unterschiedliche Anzahl von Unternehmen auf einem Markt, die in Konkurrenz stehen. Das hängt oft von der Marktgröße, aber auch von den Produkten ab, die angeboten werden. In einem kleinen Ort gibt es vielleicht nur eine oder zwei Apotheken, in einer großen Stadt sehr viele. Produkte, die sehr teuer und speziell sind, zum Beispiel Windkraftanlagen, können nicht viele Unternehmen erfolgreich anbieten. Je nach Anzahl der Anbieter eines Produkts auf dem Markt – und nach der Anzahl der Nachfrager – unterscheidet man folgende Marktformen:

Polypol oder Konkurrenzmarkt: Es gibt viele Anbieter und viele Nachfrager auf dem Markt. Beispiele: Schuhgeschäfte, Bäcker und Bekleidungsgeschäfte in einer großen Stadt.

Oligopol: Es gibt relativ viele Nachfrager und relativ wenige Anbieter auf dem Markt. Beispiele: große Stromanbieter oder Supermarktketten, zwei Bäcker in einer Kleinstadt, Mobilfunkanbieter, Mineralölkonzerne.

Monopol: Es gibt nur einen Anbieter und relativ viele Nachfrager auf dem Markt, zum Beispiel das staatliche Lotteriemonopol oder der einzige Bäcker in einem kleinen Ort.

1 Beantworte die folgenden Fragen mithilfe des Textes.

a) Was versteht man allgemein unter Konkurrenz?

b) Wie groß sind Märkte?

c) Welche Marktformen werden nach der Anzahl der Anbieter und Nachfrager unterschieden? Wie viele Anbieter haben sie jeweils?

d) Wovon hängt die Anzahl von Unternehmen auf dem Markt ab, die in Konkurrenz stehen?

2 Konkurrenz belebt das Geschäft! Überlege, ob diese Aussage stimmt. Begründe deine Meinung mithilfe eines Beispiels.

3 Kreuze in der Tabelle an, ob die Aussagen stimmen oder nicht. Überlege gut, du musst deine Entscheidungen begründen und erklären können.

Nr.	Aussage	stimmt	stimmt nicht
1	Es gibt viele verschiedene Produkte auf dem Markt, weil die Unternehmen nicht wissen, was und wann die Verbraucher kaufen wollen.		
2	Anbieter stehen in Konkurrenz um die Käufer. Bei einem Monopol ist das aber nicht so.		
3	Müssten die Käufer ihr Auto bei nur einem Hersteller kaufen, so würde dieser viele verschiedene Autos anbieten.		
4	Sind nur einige Anbieter auf dem Markt, können sie sich heimlich absprechen, welche und wie viele Produkte oder zu welchem Preis sie verkaufen.		

Wettbewerb auf dem Markt – fast wie im Sport?

Sportwettkämpfe und der Wettbewerb zwischen Anbietern auf dem Markt haben viel gemeinsam. Zwei oder mehrere Gegner treten gegeneinander an und versuchen zu gewinnen. Dafür strengen sie sich sehr an und nutzen alle möglichen Mittel und Tricks, um ihr Ziel zu erreichen. Es gibt aber einen großen Unterschied: Beim Sportwettkampf schauen wir nur zu und wie wir uns verhalten ist eigentlich egal, es sei denn, wir stören die Sportveranstaltung. Den Wettbewerb zwischen Anbietern gibt es eigentlich nur wegen uns, den Verbrauchern. Wir sollen uns nämlich entscheiden, welche Produkte wir bei wem kaufen. Das heißt, die Unternehmen stehen im Wettbewerb und unser Kaufverhalten entscheidet darüber, wer gewinnt.

Der Wettbewerb auf dem Markt hat für uns Verbraucher viele Vorteile, weil die Anbieter sich mächtig ins Zeug legen müssen, um uns zum Kauf zu bewegen. Dabei geht es aber, das ist ähnlich wie beim Sport, nicht immer fair zu. Beim Fußball, Handball und Basketball wird gefoult, bei großen Wettkämpfen kommen immer wieder Dopingfälle ans Licht. Es gibt immer wieder Unternehmen, die sich unfair gegenüber anderen Unternehmen verhalten, um sie aus dem Wettbewerb zu werfen. Auch uns Verbrauchern gegenüber sind sie nicht immer ehrlich: Sie erfinden Mittel und Tricks, damit wir Verbraucher uns für sie oder ihre Produkte entscheiden. Beim Sportwettkampf gibt es Regeln und Gesetze, die einen fairen Wettkampf ermöglichen sollen. Auch auf dem Markt gibt es Regeln und Gesetze, die Unternehmen untereinander und dem Verbraucher gegenüber einhalten müssen.

zu überzeugen.

• ein vielfältiges Angebot auf dem Markt
• immer neue oder verbesserte Produkte und
• preiswerte Produkte in guter Qualität,

die Verbraucher durch
Die Unternehmen sind durch die Konkurrenz auf dem Markt dazu gezwungen,

....

....

....

....

1 Bearbeite diese Aufgabe alleine.

a) Entschlüssele den Merksatz im oberen Kasten und versuche, ihn zu lesen.

b) Überlege eine Überschrift zu dem Merksatz und notiere sie.

c) Schreibe den Merksatz richtig auf.

2 Vervollständige die folgende Übersicht. Nutze hierzu den Infotext.

	Sportwettkampf	Wettbewerb auf dem Markt
Die Gegner sind …		
Beide Seiten wollen …		
Wer Sieger wird, entscheiden …		
Sportler/Unternehmen erfinden …, um …		
Um sich fair zu verhalten, müssen …		

Fair kommt weiter! – Wettbewerbsgesetze

Damit unser Alltag funktioniert, müssen wir Regeln und Gesetze befolgen. Du solltest zum Beispiel pünktlich in der Schule sein und dich im Unterricht benehmen. Niemand darf etwas stehlen oder gegen jemanden Gewalt ausüben. Damit es auf dem Markt fair zugeht und viele Unternehmen ihre Waren und Dienstleistungen anbieten können, gibt es auch für Unternehmen Verhaltensregeln und Gesetze.

Wettbewerbsgesetze
- regeln, dass Unternehmen sich fair verhalten

→ **Gesetz gegen Wettbewerbsbeschränkungen** (GWB oder Kartellrecht genannt)
- regelt, dass Unternehmen andere Unternehmen im freien Wettbewerb auf dem Markt nicht behindern oder einschränken und Unternehmen mit großer Marktmacht kontrolliert werden

→ **Gesetz gegen den unlauteren* Wettbewerb** (UWG genannt)
- regelt, dass Unternehmen sich fair gegenüber anderen Mitanbietern und Verbrauchern verhalten
- stellt die „Spielregeln" des Marktes auf

→ **Gesetz über den Schutz von Marken und sonstiger Kennzeichen**
(MarkenG oder Markengesetz genannt)
- regelt den Schutz von Bezeichnungen zur Kennzeichnung von Unternehmen und ihrer Produkte gegen Nachahmung und Nutzung gleicher Bezeichnungen durch fremde Unternehmen

** unlauter = betrügerisch, unehrlich, unredlich*

1 Lies die Gesetzestexte aufmerksam durch. Schreibe in die Klammern, aus welchem der drei Gesetze sie jeweils stammen und wen sie jeweils schützen. Benutze die Abkürzungen.

Beispiel:

§ 3 (1) Unlautere geschäftliche Handlungen sind unzulässig, wenn sie die Interessen von Mitbewerbern, Verbrauchern spürbar beeinträchtigen können. *(UWG, Verbraucher, andere Unternehmen)*

§ 5 (1) Eine geschäftliche Handlung ist irreführend und verboten, wenn sie unwahre Angaben über wesentliche Merkmale einer Ware oder Dienstleistung wie Verfügbarkeit, Ausführung, Vorteile und Risiken, Zubehör, Verwendungsmöglichkeit, Qualität, Preis usw. enthält.

(..)

§ 14 (2) Dritten ist es untersagt, ohne Zustimmung des Inhabers der Marke ein mit der Marke identisches oder zum Verwechseln ähnliches Zeichen für eigene Waren und Dienstleistungen zu benutzen.

(..)

§ 1 Vereinbarungen zwischen Unternehmen und aufeinander abgestimmtes Verhalten auf dem Markt wie zum Beispiel Verkaufspreisabsprachen oder das Absprechen von Geschäftsbedingungen mit Zulieferern, sodass andere Unternehmen Nachteile haben, sind verboten.

(..)

Quelle: Beck-Texte im dtv, WettbR, 34. Aufl. 2014
Texte gekürzt und vereinfacht

Was gute Unternehmen ausmacht

1 Suche dir einen Arbeitspartner. Erarbeitet folgende Aufgaben gemeinsam.

a) Schneidet die Infotexte, Sprechblasen und Bilder aus. Sortiert sie in drei Gruppen.

b) Schreibt die Überschrift des Aufgabenblattes „Was gute Unternehmen ausmacht" auf ein leeres DIN-A4-Blatt.

c) Jeweils ein Bild, eine Aussage (Sprechblase) und ein kurzer Infotext gehören zusammen. Besprecht, was zusammengehört und ordnet die Papierschnipsel auf dem A4-Blatt nach folgendem System an: Infotext – Bild – Aussage.

d) Überprüft mithilfe des Lösungsblattes, ob eure Erarbeitung richtig ist. Berichtigt, wenn nötig.

e) Klebt alle Papierschnipsel richtig auf.

Gute Unternehmen sind fair gegenüber den Handelspartnern. Sie schließen gute Handelsverträge ab, durch die niemand ausgenutzt wird.

„Im Betrieb haben wir keine Auftragsprobleme. Wir sind bekannt für Qualität und Termintreue."

Gute Unternehmen sind fair ihren Mitarbeitern gegenüber, sorgen für gute Bedingungen am Arbeitsplatz und zahlen ihnen einen angemessenen Lohn für ihre Arbeit.

„Die Geschäftsleitung wählt die Handelspartner sorgfältig aus. Unsere Produkte tragen allesamt das Fairtrade-Siegel."

„Für gute Ideen, wie wir an unserem Arbeitsplatz Material einsparen können, bekommen wir eine Prämie. Durch Solarzellen produzieren wir unseren eigenen Strom."

Gute Unternehmen wirtschaften nachhaltig. Sie haben bei der Produktion, der Verteilung und dem Verkauf ihrer Waren und Dienstleistungen die Umwelt und den Umweltschutz im Blick.

„Frau Schmidt und Herr Alija reisen oft ins Ausland, um sich die Betriebe anzusehen, die mit uns Verträge abschließen."

Gute Unternehmen machen keine Geschäfte mit Unternehmen, deren Mitarbeiter ausgebeutet werden und unter Arbeitsbedingungen arbeiten müssen, die gesundheitsschädlich sind.

Gute Unternehmen sichern ihre Existenz und die ihrer Mitarbeiter.

„Unser neuer Pausenraum ist klasse und die Maschinenhallen sind hell und sauber. Der Chef zahlt nach Tarif."

Name:	Klasse:	Datum:

Überprüfe dein Wissen! Unternehmen auf dem Markt

1 Erläutere die Übersicht mit eigenen Worten. Beachte dabei auch die Überschrift.

Einer kann nicht ohne den anderen: Unternehmen und private Haushalte

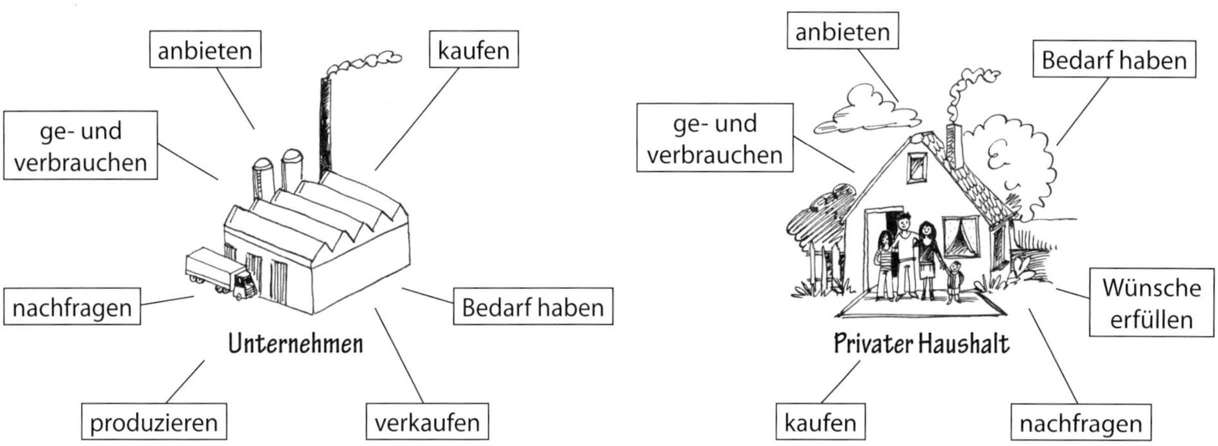

2 a) Vervollständige den Merksatz.

Warum produzieren Unternehmen?

- Unternehmen produzieren, um ....

....

- Unternehmen produzieren, um ....

....

- Unternehmer produzieren, um ....

....

b) Erläutere den Merksatz mit eigenen Worten und mithilfe von Beispielen.

3 a) Lies den Infotext aufmerksam durch. Erkläre, auf welchen drei Wegen Unternehmen versuchen, hohe Gewinne zu erzielen.

b) Überlege, ob diese drei Wege immer funktionieren. Begründe deine Aussagen.

Unternehmen wollen möglichst hohe Gewinne erzielen. Deshalb versuchen sie, die Kosten für die Produktion und den Verkauf von Waren und Dienstleistungen gering, die Preise aber hoch zu halten. Alle Produkte, die sie herstellen und zum Verkauf anbieten, wollen sie „an den Mann bringen".

4 Schreibe den zweiten Satz zu Ende und notiere ihn vollständig. Du solltest fünf Voraussetzungen nennen.

Unternehmen können die Kaufentscheidungen der Verbraucher beeinflussen, indem sie diese von ihren Produkten überzeugen. Ein Produkt kann Verbraucher zum Kauf überzeugen, wenn

- ....
- ....
- ....
- ....
- ....

Name:	Klasse:	Datum:

Überprüfe dein Wissen! Unternehmen auf dem Markt

5 **Erkläre kurz, aus welchen drei Gründen sich Preise auf dem Markt ändern können. Finde zu jedem Grund jeweils ein Beispiel.**

6 **Wie heißt die jeweilige Marktform, die die hier beschrieben wird? Setze ein.**

....: Es gibt viele Anbieter und viele Nachfrager auf dem Markt. Beispiele: Schuhgeschäfte, Bäcker und Bekleidungsgeschäfte in einer großen Stadt.

....: Es gibt relativ viele Nachfrager und relativ wenige Anbieter auf dem Markt. Beispiele: große Stromanbieter oder Supermarktketten, Mobilfunkanbieter, Mineralölkonzerne.

....: Es gibt nur einen Anbieter auf dem Markt, zum Beispiel das staatliche Lotteriemonopol oder der einzige Bäcker in einem kleinen Ort.

7 **Welche drei Vorteile haben wir Verbraucher, wenn Unternehmen auf dem Markt um uns konkurrieren, also im Wettbewerb zueinander stehen? Nenne zu den drei Vorteilen je auch ein Beispiel.**

- ....
- ....
- ....

8 **Vergleiche den Wettbewerb auf dem Markt mit einem Sportwettkampf. Du kannst eine Tabelle anlegen oder einen Text schreiben. Nutze auf jeden Fall die folgenden Stichwörter:**

Gegner, gewinnen, Regeln und Gesetze, Entscheidungsträger (Wer entscheidet, wer gewinnt)

9 **Lies dir die Fallbeispiele aufmerksam durch. Bewerte das unlautere Wettbewerbsverhalten von Unternehmen. Beantworte zu jedem Beispiel die folgenden Fragen.**

a) Was findest du an dem Verhalten des Unternehmens nicht richtig?

b) Was will das Unternehmen mit seinem unlauteren Verhalten erreichen?

c) Wer hat einen Nachteil durch das Verhalten des Unternehmens?

d) Wie müsste ein Gesetz lauten, dass dieses Verhalten verbieten würde? Beginne mit: „Es ist verboten …"

(1) „Auf dem Frühlingsfest war ein Stand, da haben sie Gürtel aus Kunstleder verkauft. Auf den Gürteln war innen das Echtledersymbol gedruckt. Man hat sofort gesehen, dass die Gürtel nicht aus echtem Leder waren. Und die wollten noch fast so viel Geld dafür haben, wie für Gürtel aus echtem Leder!"

(2) „Ich war neulich beim Bäcker und erkundigte mich, ob der Kuchen von heute sei. Die Verkäuferin erzählte mir, dass ihr Kuchen immer frisch sei, aber dass der Bäcker „Frötsche" oft Kuchen vom Vortag oder sogar noch älteren Kuchen verkaufe."

(3) „Im Elektromarkt fand ich ein Angebot für einen Fernseher. Der Verkäufer sagte mir, dass dieser nur noch diese Woche im Angebot sei und er nur noch drei Stück auf Lager habe. Später habe ich gemerkt, dass es noch andere Fernseher gab, die besser waren und auch nicht teurer."

Hinweise und Lösungen

Seite 9 Einer kann nicht ohne den anderen: Unternehmen und private Haushalte

Hinweis und Lösungserwartung zu Aufgabe 1 und 2

Weisen Sie die Schüler darauf hin, dass die Tätigkeiten, die hier zugeordnet werden sollen, sich auf einen längeren Zeitraum beziehen: Verkauft beispielsweise eine Privatperson eine Jacke auf dem Flohmarkt, ist das keine langfristige Aktion. Hier schlüpft ein Verbraucher lediglich kurzzeitig in die Rolle eines Unternehmers. Die Ergebnisse sollten im Unterrichtsgespräch besprochen und mithilfe des Textes begründet werden.

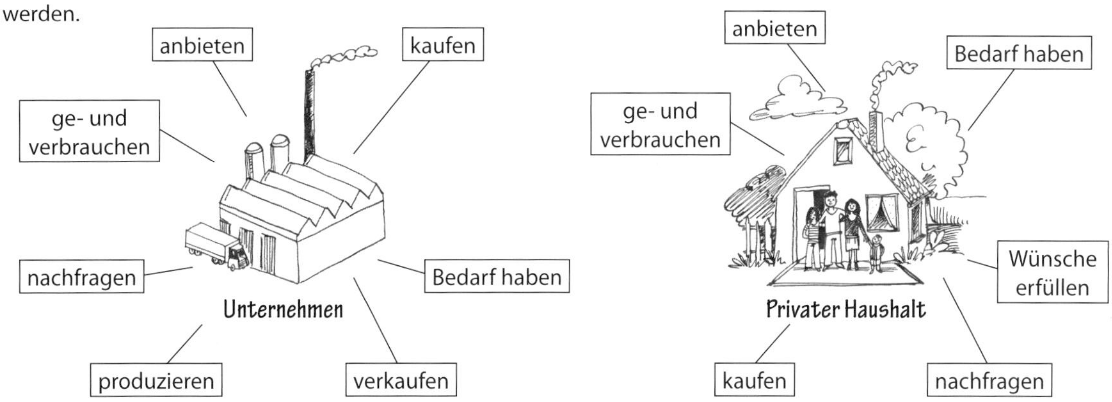

Es gibt viele Tätigkeiten, die für beide Gruppen relevant sind. Nur die Tätigkeiten „produzieren" und „verkaufen" sind alleine den Unternehmen zugeordnet, während „Wünsche erfüllen" ausschließlich dem privaten Haushalt zugeordnet ist.

Hinweise und Lösungen zu Aufgabe 3 und 4

Die Ergebnisse sollten im Unterrichtsgespräch besprochen werden. Die Schüler sollten ihre Entscheidung nachvollziehbar begründen können. In Aufgabe 4 sind mehrere Formulierungen möglich. Sie sind dann richtig, wenn sie adäquat zum Inhalt des Infotextes passen.

1. **f** Unternehmen produzieren, um ihre Produkte an private Haushalte zu verkaufen.
2. **r** Unternehmen kaufen von privaten Haushalten. (die Arbeitskraft)
3. **r** Unternehmen kaufen von Unternehmen. (Zuliefererbetriebe)
4. **f** Alle Unternehmen, die verkaufen, produzieren vorher. (einige vertreiben ausschließlich)
5. **r** Unternehmen produzieren, um zu produzieren. (Existenzsicherung)
6. **r** Unternehmen können ohne private Haushalte nicht produzieren oder verkaufen. (Arbeitskräfte, Käufer/Konsumenten)
7. **f** Private Haushalte können auch ohne Unternehmen gut leben.

Lösungsbeispiele zu Aufgabe 4

1. Unternehmen produzieren, um sowohl an andere Unternehmen als auch an private Haushalte zu verkaufen. Außerdem wollen sie Gewinn machen.
4. Nicht alle Unternehmen, die verkaufen, produzieren vorher. Manche Unternehmen verkaufen auch nur die Produkte anderer Unternehmen, z. B. ein Supermarkt.
7. Private Haushalte können ohne Unternehmen nicht gut leben. Ohne Unternehmen müsste man alles, was man zum Leben braucht, selbst herstellen.

Seite 10 Warum produzieren Unternehmen?

Hinweise und Lösungserwartung zu Aufgabe 1

Diese Aufgabe klärt wichtige Begriffe zum Thema und kann gut mündlich im Unterrichtsgespräch erörtert werden. Es ist empfehlenswert, den Schülern einige Minuten Zeit zu geben, um sich Notizen zu machen.

Gewinn: Der Betrag, der in einem Geschäftsjahr vom Verkauf der Produkte abzüglich aller Produktionsausgaben übrig bleibt. (Die Einnahmen aus dem Verkauf der Produkte ohne Produktionsausgaben nennt man hingegen Umsatz.)

Existenz sichern: Für private Haushalte bedeutet das, den Lebensunterhalt abzusichern, für Unternehmen bedeutet das, sicherzustellen, dass Betrieb und Produktion weitergehen.

Schritt halten: etwas so gut wie andere können oder machen, nicht abgehängt werden

Lebensstandard: Das Niveau, auf dem Wünsche erfüllt und Bedürfnisse befriedigt werden. Der Lebensstandard ist abhängig vom Einkommen, das zur Verfügung steht, und von den persönlichen Ansprüchen.

Lösung zu Aufgabe 2

In folgender Reihenfolge müssen die Schüler die Überschriften eingetragen haben:

- Unternehmen produzieren, um ihre Existenz zu sichern
- Unternehmen produzieren, um mit anderen Unternehmen Schritt zu halten
- Unternehmer produzieren, um sich und ihre Familien zu versorgen und einen gewünschten Lebensstandard zu erreichen und zu halten

Lösung zu Aufgabe 3

Unternehmen produzieren, um Gewinne zu erzielen. Diese brauchen sie • um ihre Existenz zu sichern und • um mit anderen Unternehmen Schritt zu halten. • Unternehmer produzieren, um sich und ihre Familien zu versorgen und einen gewünschten Lebensstandard zu erreichen und zu halten.

Tipp: Der Merksatz steht in Spiegelschrift. Kleine Spiegel helfen beim Entschlüsseln.

Seite 11 — Die Käufer: Erzieher von Unternehmen?

Hinweise und Lösungserwartung zu Aufgabe 1

a) **Lösung:** Unternehmen wollen auf folgenden drei Wegen Gewinne erzielen: geringe Kosten für Produktion und Verkauf, hohe Preise, alle Produkte sollen verkauft werden

b) Diese Aufgabe ist offen gestellt. Je nach Lerngruppe können Sie alternativ oder ergänzend die Lösungserwartung als Textgrundlage für die Erarbeitung oder Weiterarbeit nutzen.

✂- -

Gewinne um jeden Preis?/Lösungserwartung

Unternehmen wollen auf folgenden drei Wegen Gewinne erzielen: geringe Kosten für Produktion und Verkauf, hohe Preise, Verkauf möglichst aller Produkte.

Diese Wege funktionieren nicht immer. Der Verbraucher kann selbst entscheiden, was und wo er kauft. Durch die Konkurrenz mit anderen Unternehmen hat er Alternativen. Wenn ein Produkt für ihn zu teuer ist, kauft er es nicht oder bei einem Anbieter, der das Produkt preiswerter anbietet oder ein vergleichbares Produkt von einem Konkurrenzunternehmen. Verbraucher haben Vorstellungen und Erwartungen an Produkte. Diese zu erfüllen, verursacht beim Unternehmen oft höhere Herstellkosten. Ein Produkt, das ein gutes Design und eine gute Qualität haben soll, ist z. B. teurer in der Herstellung. Viele Verbraucher achten zunehmend auf fair hergestellte, fair gehandelte, gesunde und umweltfreundliche Produkte, deren Herstellung höhere Kosten verursacht. Darauf müssen sich Unternehmen einstellen. Wenn sie alle Produkte loswerden wollen, können sie aber die Preise nicht beliebig hoch setzen und die höheren Kosten 1:1 auf den Käufer übertragen.

✂- -

Hinweise zu Aufgabe 2

Die Schülerergebnisse sind individuell und fallen vermutlich vom Umfang her unterschiedlich, vom Inhalt aber ähnlich aus. Wichtig ist, die Schüler darauf hinzuweisen, dass sie hier nicht nur ihre eigenen Entscheidungskriterien eintragen sollten, sondern die vieler potenzieller Käufer.

Hinweise und Lösungserwartung zu Aufgabe 3

Die Lösungen fallen individuell, aber ähnlich aus. Die Schüler sollten ihre Kriterien anhand von Beispielen belegen können.

Viele Verbraucher kaufen ein Produkt nicht, wenn
- der Preis des Produkts zu hoch ist,
- es nicht ansprechend aussieht,
- wenn es neuere und bessere Produkte gibt,
- wenn die Qualität nicht stimmt,
- wenn es umweltschädigend oder unfair hergestellt oder gehandelt wurde (nicht nachhaltig).

Ein Produkt kann Verbraucher zum Kauf überzeugen, wenn
- der Preis stimmt,
- das Produktdesign gefällt,
- es „auf dem neuesten Stand" ist,
- die Qualität gut ist,
- es umweltbewusst und fair hergestellt und gehandelt wird (nachhaltig).

Seite 12 — Wie sich Preise auf dem Markt verändern

Hinweise zu Aufgabe 1 und 2

Aufgabe 1 ist als Türöffner für das Thema des Aufgabenblattes gedacht. Die Schülerantworten fallen individuell aus. Durch das Erklären des Merksatzes können die Schüler überprüfen, ob sie den Satz inhaltlich gut verstanden haben.

Hinweise und Lösungen zu Aufgabe 3

a) **Lösung**

Der Preis eines Produkts kann sich aus mehreren Gründen verändern:
- Die Herstellkosten ... (Beispiel **A**)
- Der Preis eines Produkts ... (Beispiel **C**)
- Angebot* und Nachfrage** ... (Beispiel **B**)

b) Die Schülerantworten fallen individuell aus.

Lösungsbeispiele
- Die Herstellkosten ... : Holztische werden billiger, weil durch einen Sturm Holz billiger geworden ist.
- Der Preis ... : Beim „Italiener" kostet die Cola jetzt so viel wie in der „Bürgerstube".
- Angebot* und Nachfrage** ...: Kurz vor den Ferien oder vor Feiertagen wird Benzin immer teurer.

Lösung zu Aufgabe 4

- Wenn Käufer mehr Produkte kaufen wollen, als der Verkäufer davon bereitstellt, dann kann dieser den Preis des Produkts **erhöhen.**
- Wenn Käufer weniger Produkte kaufen wollen, als der Verkäufer davon bereitstellt, dann kann er den Preis des Produkts **senken.**
- Wenn Käufer genauso viele Produkte kaufen wollen, wie der Verkäufer davon bereitstellt, dann kann er den Preis des Produkts **so lassen.**

Lösungsbeispiel zu Aufgabe 5

a) Der Mindestpreis ist der Herstellungspreis. Das sind die Kosten, die ein Unternehmen aufbringen musste, um das Produkt herzustellen. Um nicht auf diesen Kosten sitzenzubleiben, sollte ein Unternehmen sein Produkt zu einem Preis verkaufen, mit dem es zumindest die Herstellungskosten wieder reinbekommen kann.

b) – Herstellungskosten berücksichtigen, Preise der Konkurrenten ermitteln, dann einen Preis festsetzen, der leicht unter dem der Konkurrenten liegt,
– die Verkaufszahlen genau verfolgen und den Preis gegebenenfalls verändern: Bei tollen Verkaufszahlen den Preis leicht hochsetzen, bei schleppendem Verkauf den Preis senken.

Seite 13 — Man ist selten allein … Unternehmen auf dem Markt

Lösung zu Aufgabe 1

a) Konkurrenz ist der Wettbewerb auf einem bestimmten Gebiet.

b) Märkte sind unterschiedlich groß, z. B. weltweiter Markt, europaweiter Markt, regionaler Markt.

c) – 1. Polypol oder Konkurrenzmarkt: Es gibt viele Anbieter und viele Nachfrager.
– 2. Oligopol: Es gibt relativ viele Nachfrager und relativ wenige Anbieter.
– 3. Monopol: Es gibt nur einen Anbieter auf dem Markt und relativ viele Nachfrager.

d) Die Anzahl von Unternehmen auf einem Markt hängt von der Marktgröße und von den Produkten ab, die angeboten werden.

Lösungsbeispiel zu Aufgabe 2 Die Lösungen fallen individuell aus.

Diese Aussage stimmt. Wenn zwischen Unternehmen Konkurrenz herrscht, müssen sich diese besonders um die Käufer bemühen und gute Produkte zu einem angemessenen Preisen auf den Markt bringen. Wenn es zum Beispiel nur einen Blumenladen im Ort gibt, muss er sich mit seinem Blumenangebot nicht so viel Mühe geben und kann seine Produkte relativ teuer verkaufen, weil der Käufer keinen Vergleich hat und die Blumen kaufen muss, wenn er welche braucht. Gibt es zwei oder mehrere Blumengeschäfte im Ort, kann sich der Käufer aussuchen, wo er was kauft und das Angebot und die Preise vergleichen. Die Blumengeschäfte müssen sich Mühe geben und die Käufer durch ihr Angebot und die Preise davon überzeugen, in ihrem Geschäft zu kaufen.

Lösung zu Aufgabe 3

Nr.	stimmt	stimmt nicht
1		X
2	X	
3		X
4	X	

Seite 14 — Wettbewerb auf dem Markt – fast wie beim Sport?

Hinweise und Lösung zu Aufgabe 1

Der Merksatz steht in Spiegelschrift. Die Lösung kann für die Schüler drei oder viermal zur Zwischensichtung oder Ergebnisüberprüfung kopiert und in der Klasse ausgelegt werden. Hilfreich ist es auch, ein oder zwei kleine Spiegel bereitzuhalten. Die Überschrift sollte zum Textinhalt passen.

Konkurrenz: Vorteile für den Verbraucher

Die Unternehmen sind durch die Konkurrenz auf dem Markt dazu gezwungen, die Verbraucher durch

- preiswerte Produkte in guter Qualität,
- immer neue oder verbesserte Produkte und
- ein vielfältiges Angebot auf dem Markt zu überzeugen.

Lösungserwartung zu Aufgabe 2

	Sportwettkampf	Wettbewerb auf dem Markt
Die Gegner sind …	jeweils Sportler	jeweils Unternehmen oder Anbieter
Beide Seiten wollen …	gewinnen und strengen sich dafür an.	
Wer Sieger wird, entscheiden …	die Sportler, die am Wettkampf teilnehmen.	die Verbraucher durch ihr Kaufverhalten.
Sportler / Unternehmen erfinden …, um …	Mittel und Tricks, um ihr Ziel zu erreichen und zu gewinnen.	
Um sich fair zu verhalten, müssen …	Regeln und Gesetze eingehalten werden.	

Seite 15 — Fair kommt weiter! – Wettbewerbsgesetze

Hinweise und Lösung zu Aufgabe 1
Dieses Aufgabenblatt enthält nur eine Aufgabe. Das Schaubild sollte im Unterricht inhaltlich besprochen werden. Die Schüler sollten dabei eigene Erfahrungen oder Beispiele miteinbringen. Eine zusätzliche Aufgabe zum Thema Wettbewerbsgesetze finden Sie in der angebotenen Lernstandsüberprüfung auf S. 18, auf die Sie zurückgreifen können, falls sie diese nicht nutzen möchten.

Lösung zu Aufgabe 1

- § 5 Eine geschäftliche Handlung … (UWG, Verbraucher)
- § 14 Dritten ist es untersagt, … (MarkenG, Unternehmen, d. h. Markeninhaber)
- § 1 Vereinbarungen zwischen … (GWB, Verbraucher, andere Unternehmen)

Seite 16 — Was gute Unternehmen ausmacht

Hinweise und Lösung zu Aufgabe 1
Für die Erarbeitung werden einmal Klebstoff und zwei Scheren pro Arbeitspaar benötigt. Die Lösung sollte einige Male als Lösungsblatt kopiert und zum Abgleich der Schülererarbeitung zur Verfügung stehen.

Gute Unternehmen sichern ihre Existenz und die ihrer Mitarbeiter.

„Im Betrieb haben wir keine Auftragsprobleme. Wir sind bekannt für Qualität und Termintreue."

Gute Unternehmen sind fair ihren Mitarbeitern gegenüber, sorgen für gute Bedingungen am Arbeitsplatz und zahlen ihnen einen angemessenen Lohn für ihre Arbeit.

„Unser neuer Pausenraum ist klasse und die Maschinenhallen sind hell und sauber. Der Chef zahlt nach Tarif."

Gute Unternehmen sind fair gegenüber den Handelspartnern. Sie schließen gute Handelsverträge ab, durch die niemand ausgenutzt wird.

FAIRTRADE

„Die Geschäftsleitung wählt die Handelspartner sorgfältig aus. Unsere Produkte tragen allesamt das Fairtrade-Siegel."

Gute Unternehmen machen keine Geschäfte mit Unternehmen, deren Mitarbeiter ausgebeutet werden und unter Arbeitsbedingungen arbeiten müssen, die gesundheitsschädlich sind.

„Frau Schmidt und Herr Alija reisen oft ins Ausland, um sich die Betriebe anzusehen, die mit uns Verträge abschließen."

Gute Unternehmen wirtschaften nachhaltig. Sie haben bei der Produktion, der Verteilung und dem Verkauf ihrer Waren und Dienstleistungen die Umwelt und den Umweltschutz im Blick.

„Für gute Ideen, wie wir an unserem Arbeitsplatz Material einsparen können, bekommen wir eine Prämie. Durch Solarzellen produzieren wir unseren eigenen Strom."

Seite 17–18 — Überprüfe dein Wissen! Unternehmen auf dem Markt

Lösung zu Aufgabe 1
Die Schülerantworten sind individuell. Sie sind dann richtig, wenn die Zusammenhänge zwischen Unternehmen und Privathaushalten analog zum Infotext auf S. 9 korrekt dargestellt werden.

Lösung zu Aufgabe 2

a) **Warum produzieren Unternehmen?**
- Unternehmen produzieren, um ihre Existenz zu sichern.
- Unternehmen produzieren, um mit anderen Unternehmen Schritt zu halten.
- Unternehmer produzieren, um sich und ihre Familien zu versorgen und einen gewünschten Lebensstandard zu erreichen und zu halten.

b) Die Schülerantworten fallen individuell aus. Sie sind dann richtig, wenn sie die Inhalte des Merksatzes richtig widerspiegeln.

Lösung zu Aufgabe 3

a) Unternehmen wollen auf folgenden drei Wegen Gewinne erzielen: geringe Kosten für Produktion und Verkauf, hohe Preise, alle Produkte sollen verkauft werden

b) **Lösungserwartung**
Diese drei Wege funktionieren nicht immer. Der Verbraucher kann selbst entscheiden, was und wo er kauft. Durch die Konkurrenz mit anderen Unternehmen hat er Alternativen. Wenn ein Produkt für ihn zu teuer ist, kauft er es nicht und geht zu einem Anbieter, der das Produkt preiswerter anbietet oder nimmt ein günstigeres Konkurrenzprodukt. Verbraucher haben bestimmte Vorstellungen und Erwartungen an Produkte. Für ein Unternehmen kann das bedeuten, dass höhere Herstellkosten anfallen. Ein Produkt, das gut aussehen und von guter Qualität sein soll, ist z. B. teurer in der Herstellung. Viele Verbraucher achten zunehmend auf fair hergestellte, fair gehandelte, gesunde und umweltfreundliche Produkte, deren Herstellung höhere Kosten verursacht. Wenn ein Unternehmen alle Produkte loswerden will, kann es aber die Preise nicht beliebig hoch setzen und die höheren Kosten auf den Käufer übertragen.

Lösung zu Aufgabe 4

Ein Produkt kann Verbraucher zum Kauf überzeugen, wenn
- der Preis stimmt,
- das Produktdesign gefällt,
- es „auf dem neuesten Stand" ist,
- die Qualität gut ist,
- es umweltbewusst und fair hergestellt und gehandelt wird (nachhaltig).

Lösungserwartung zu Aufgabe 5

Der Preis eines Produkts kann sich aus mehreren Gründen verändern:
- Die Herstellkosten eines Produkts verändern sich. (Schülerbeispiel …)
- Der Preis eines Produkts ändert sich, weil Konkurrenten ihre Preise ändern. (Schülerbeispiel …)
- Angebot und Nachfrage auf dem Markt sind nicht im Gleichgewicht. (Schülerbeispiel …)

Lösung zu Aufgabe 6

Polypol oder Konkurrenzmarkt: Es gibt viele Anbieter und viele Nachfrager auf dem Markt. Beispiele: Schuhgeschäfte, Bäcker und Bekleidungsgeschäfte in einer großen Stadt.

Oligopol: Es gibt relativ viele Nachfrager und relativ wenige Anbieter auf dem Markt. Beispiele: große Stromanbieter oder Supermarktketten, Mobilfunkanbieter, Mineralölkonzerne.

Monopol: Es gibt nur einen Anbieter auf dem Markt, zum Beispiel das staatliche Lotteriemonopol oder der einzige Bäcker in einem kleinen Ort.

Lösung zu Aufgabe 7

Wenn Unternehmen um die Verbraucher konkurrieren müssen, hat das für die Verbraucher folgende V orteile:
- preiswerte Produkte in guter Qualität (individuelles Schülerbeispiel)
- immer neue oder verbesserte Produkte (individuelles Schülerbeispiel)
- ein vielfältiges Angebot auf dem Markt (individuelles Schülerbeispiel)

Lösungserwartung zu Aufgabe 8

Die Schülerarbeitung sollte sinngemäß der Lösung zu Aufgabe 2, S. 21 entsprechen. Die Schüler können sich in ihren Ausführungen auch auf eine bestimmte Sportart beziehen.

Lösungserwartung zu Aufgabe 9

Fallbeispiel (1)

a) Die Gürtel waren angeblich aus echtem Leder (Echtledersymbol), was nicht stimmte: Sie waren nur aus Kunstleder. Das ist Betrug. Die Verkäufer wollten viel zu viel Geld für minderwertige Ware haben.

b) Das Unternehmen wollte erreichen, dass die Käufer die Gürtel für hochwertig halten und deshalb bereit sind, viel Geld zu bezahlen. Das Unternehmen wollte einen hohen Gewinn herausschlagen.

c) der Käufer

d) Es ist verboten, ein Zeichen für echtes Material für ein unechtes minderwertiges Material zu benutzen.

Fallbeispiel (2)

a) Es ist nicht richtig, dass über ein anderes Unternehmen schlecht geredet wird.

b) Das Unternehmen will erreichen, dass die Kunden nicht beim Konkurrenzbäcker Frötsche einkaufen.

c) der Konkurrenzbäcker „Frötsche"

d) Es ist verboten, über Konkurrenten oder deren Produkte schlecht zu reden.

Fallbeispiel (3)

a) Der Verkäufer hat den Kunden schlecht beraten und ihn auch nicht darüber informiert, welche Fernseher er sonst noch verkauft. Er hat den Kunden so beeinflusst, dass dieser den angebotenen Fernseher für ein echtes Schnäppchen hielt, bei dem man schnell zugreifen sollte.

b) Das Unternehmen will erreichen, dass die Kunden sich schnell für das Sonderangebot entscheiden.

c) die Kunden, denn es gibt noch bessere Fernseher zum gleichen Preis wie das Sonderangebot

d) Es ist verboten, Kunden zu einem schnellen Kauf zu drängen. Kunden müssen in einem Beratungsgespräch ausführlich über das Produktangebot informiert werden.

Was ist Arbeit?

Das Wort „Arbeit“ taucht in vielen Bereichen unseres Alltags auf: Zu Hause müssen Hausarbeiten erledigt werden, Menschen gehen „zur Arbeit“, wenn wir uns sehr anstrengen müssen, sagen wir auch: „Das macht Arbeit.“ Aber was ist Arbeit eigentlich? Und weshalb arbeiten Menschen?

1 Überlege erst einmal selbst, was dir zum Thema Arbeit einfällt. Trage alle Wörter und Wortgruppen, die mit Arbeit zu tun haben, in die Mindmap ein:

Geld verdienen

Arbeitnehmer

ARBEIT

2 Suche dir einen Arbeitspartner. Ihr benötigt ein leeres DIN-A4-Blatt und Stifte in verschiedenen Farben.

a) Vergleicht eure Ergebnisse zu Aufgabe 1.

b) Ordnet die Begriffe, die ihr notiert habt, in Gruppen. Geht in folgenden Schritten vor:

→ Sucht in euren Mindmaps Begriffe, die zusammengehören, und markiert sie in derselben Farbe.
→ Überlegt euch passende Überschriften zu den Begriffen, die in derselben Farbe markiert sind, und notiert sie.

c) Stellt die Überschriften und Begriffe übersichtlich in einer Tabelle auf einem extra Blatt zusammen.

Beispiel:

Personen	Zeit
Arbeitnehmer	Schulzeit
Arbeitgeber	Ausbildung

3 Entschlüssele den folgenden Merksatz und schreibe ihn richtig auf.

Unter Arbeit verstehen wir zielbewusste Tätigkeiten im Lebensalltag, die Zeit und Kraft kosten und einen Nutzen für sich und andere bringen. Menschen arbeiten

- um Geld zu verdienen,
- um etwas zu lernen,
- um Freizeit sinnvoll zu verbringen,
- um den Haushalt zu führen.

....

....

....

....

....

....

Was ist Arbeit?

4 Lies dir die Beispiele zur Familie Vogt aufmerksam durch. Was tun die einzelnen Familienmitglieder und warum tun sie das?

(1) Stefan Vogt arbeitet als Koch in einem Restaurant. Er arbeitet fünf Tage in der Woche und kocht leckere Gerichte für die Gäste. Mit seiner Arbeit als Koch verdient er den Lebensunterhalt für sich und seine fünfzehnjährige Tochter, die bei ihm lebt.

(2) Romina, die fünfzehnjährige Tochter von Stefan Vogt, geht in die 9. Klasse. Lernen ist ganz schön anstrengend, meint Romina, erst in der Schule, dann zu Hause bei den Hausaufgaben. Aber es lohnt sich, sie bekommt gute Noten und hat gute Chancen auf eine Ausbildung in ihrem Traumberuf: Kauffrau im Groß- und Außenhandel.

(3) Christoph Vogt, der Vater von Stefan Vogt, ist gelernter Tischler und jetzt im Ruhestand. Er hat sich eine sinnvolle Aufgabe gesucht, damit ihm nicht die Decke auf den Kopf fällt: Für den Kindergarten in seiner Nähe repariert er gerne beschädigte Möbel. Im letzten Monat hat er für jede Kindergruppe ein Puppenhaus gebaut. Geld will er dafür nicht.

(4) Vater Stefan und Tochter Romina haben sich die Arbeiten, die zu Hause erledigt werden müssen, genau aufgeteilt: Stefan Vogt ist für Wäschewaschen und Einkauf zuständig, Romina für die Raumpflege und das Aus- und Einräumen der Geschirrspülmaschine. Das Essenkochen teilen sie sich.

Stefan Vogt

Romina Vogt

Christoph Vogt

Arbeiten im Haushalt: Bin ich dabei?

„Ich wohne zu Hause und muss nichts dafür bezahlen. Dafür helfe ich viel bei der Hausarbeit."

„Den halben Tag sitze ich in der Schule und dann mache ich Hausaufgaben. Wann hätte ich denn Freizeit, wenn ich zu Hause mithelfen müsste?"

„Hausarbeit ist Sache meiner Mutter!"

„Niemand kann mich zur Hausarbeit zwingen. Das ist Kinderarbeit und ich bin noch nicht volljährig!"

„Müll wegbringen, Staub saugen, sein Zimmer aufräumen – das sind Pflichten, die Kinder und Jugendliche haben."

1 Lies dir die Aussagen aufmerksam durch. Mache dir anschließend Notizen zu der Frage, ob Kinder und Jugendliche ihren Eltern im Haushalt helfen sollten. Begründe deine Meinung.

2 Diskutiert in eurer Klasse zum Thema „Arbeiten im Haushalt: Bin ich dabei?". Folgende Satzanfänge helfen euch weiter:

- Ich bin (nicht) der Meinung, dass …
- Ich finde (nicht), dass …
- Ich denke (nicht), dass …
- Ich halte es (nicht) für notwendig, dass …
- Ich bin dagegen / dafür, dass …
- Ich gebe zu bedenken, dass …
- Ich teile die Meinung von (einen Namen einsetzen), dass …
- Das ist richtig und außerdem …
- Ich stimme dir zu, möchte aber …
- Ich bin deiner Meinung, möchte aber noch …
- Ich bin da anderer Meinung. …
- Ich halte … nicht für notwendig …
- Ich denke da anders …

Arbeiten im Haushalt: Pflicht oder Kür?

Das Bürgerliche Gesetzbuch gibt darüber Auskunft, ob Kinder und Jugendliche dazu verpflichtet sind, im Haushalt ihrer Eltern mitzuhelfen.

> **BGB § 1619 Dienstleistungen in Haus und Geschäft.** Das Kind ist, solange es dem elterlichen Hausstand angehört und von den Eltern erzogen oder unterhalten wird, verpflichtet, in einer seinen Kräften und seiner Lebensstellung entsprechenden Weise den Eltern in ihrem Hauswesen und Geschäft Dienste zu leisten.

Quelle: http://dejure.org/gesetze/BGB/1619.html

1 Schreibe das Gesetz in eigenen Worten auf. Nutze, wenn nötig, den Wörterkasten, der wichtige Wörter und Wortgruppen erklärt.

> **Dienstleistungen/Dienste zu leisten:** Arbeiten, die zu erledigen sind
>
> **elterlicher Hausstand/Hauswesen:** zu Hause
>
> **Geschäft:** wenn die Eltern selbstständig sind, z. B. einen kleinen Kiosk haben
>
> **unterhalten:** die Eltern sorgen für dich, z. B. Wohnraum, Essen, Kleidung …
>
> **in einer seinen Kräften und Lebensstellung entsprechenden Weise:** dem Alter und der persönlichen Situation angemessen, z. B. kann ein 7-Jähriger noch nicht so viel mithelfen wie sein 14-jähriger Bruder. Du hast immer sehr lange Schule, viele Hausaufgaben und Training, also weniger Zeit für Haushaltsarbeit.

2 Denke über die folgenden Fragen nach. Notiere deine Antworten in Stichpunkten. Du wirst dich später mit deinen Mitschülern darüber austauschen.

a) Welche Arbeiten im Haushalt erledigst du ab und zu und welche regelmäßig?

b) Aus welchen Gründen lassen dich deine Eltern im Haushalt mithelfen/nicht mithelfen?

c) Zahlen dir deine Eltern Geld dafür? Wenn nein, solltest du Geld für Haushaltsarbeit erhalten? Bewerte die Entscheidung deiner Eltern, dir Geld oder auch kein Geld für Haushaltsarbeiten zu zahlen.

d) Wie findest du das Gesetz über die Mitarbeit von Kindern und Jugendlichen im Haushalt? Begründe deine Meinung.

3 Welche Vorteile und Nachteile hast du und hat deine Familie, wenn du zu Hause im Haushalt hilfst? Stelle die Vor- und Nachteile in einer Tabelle gegenüber. Tipp: Denke auch ein bisschen an die Zukunft.

Mitarbeit im Haushalt: Vorteile	Mitarbeit im Haushalt: Nachteile

Eine feste Arbeitsstelle nur um Geld zu verdienen?

Ist doch klar, warum wir arbeiten gehen: um Geld zu verdienen! Wir brauchen es, um Bedürfnisse zu befriedigen und Wünsche zu erfüllen, den Haushalt zu führen und unsere Freizeit zu gestalten. Es stimmt schon: „Ohne Moos, nichts los!" Aber ist „Geld verdienen" wirklich der einzige Grund, um arbeiten zu gehen?

1 Bearbeite diese Aufgabe alleine.

a) Lies dir das Fallbeispiel aufmerksam durch. Notiere, welche Arbeitsstelle Herr Hanisch hat und was er tagsüber macht.

b) Aus welchen Gründen geht Herr Hanisch arbeiten? Liste auf.

c) Was stört Herrn Hanisch an seiner Arbeitsstelle?

Herr Hanisch arbeitet im Lager eines großen Einrichtungshauses. Er nimmt die angelieferten Waren entgegen und sortiert sie dann mit einem Gabelstapler in die Regale ein. Außerdem stellt er Lieferungen zusammen, die die Kunden im Geschäft nach Hause bestellt haben. Alles, was in das Lager hineinkommt oder es verlässt, trägt Herr Hanisch in Listen am Computer ein. Herr Hanisch meint: „Für die Waren, die ein- und rausgehen, trage ich die Verantwortung. Ich arbeite gerne am PC und mit dem Gabelstapler fahre ich auch ganz gerne. Mit meinen Kollegen verstehe ich mich gut, jeder hilft jedem und wir können uns aufeinander verlassen. Zwischendurch ein Scherz ist immer drin. Natürlich brauche ich die Arbeit, um meine Familie zu versorgen. Aber eigentlich gehe ich auch arbeiten, weil ich von meinen Kollegen und Vorgesetzten anerkannt werde und weil mir die Arbeit Spaß macht. Nur dass ich meine Kinder erst so spät am Tag sehe, stört mich. Ich habe um 17 Uhr Feierabend und brauche noch eine Stunde bis nach Hause."

2 Bearbeite Aufgabe 2 a alleine. Für Aufgabe 2 b findet ihr euch als Vierergruppe zusammen.

a) Aus welchen Gründen gehst du zur Schule? Beantworte diese Frage und erkläre deine Gründe mithilfe von Beispielen.
Beispiel: „Ich gehe zur Schule, weil ich die großen Pausen cool finde. In der Frühstückspause spiele ich immer mit meinen Freunden Kicker. Das macht Spaß."

b) Stellt euch eure Ergebnisse aus Aufgabe 2 a gegenseitig vor. Notiert auf einem DIN-A4-Blatt, welche Gründe genannt und wie häufig diese genannt wurden.

3 Bereitet eine Umfrage zum Thema: „Warum Menschen arbeiten" vor. Ihr sollt dafür fünf Personen zu der Frage interviewen, warum sie arbeiten gehen. Erstellt hierzu einen entsprechenden Fragebogen. Achtet darauf, dass man den Fragebogen leicht ausfüllen kann. Tipp: Die Aufzählung unten enthält Gründe dafür, warum viele Menschen zur Arbeit gehen. Lasst auf dem Fragebogen aber auch Platz für Gründe, die dort noch nicht genannt werden.

Aus folgenden Gründen gehen viele Menschen arbeiten:

- weil ich Geld zum Leben verdienen muss
- weil ich gerne unter Kollegen bin
- weil ich mich auf meiner Arbeitsstelle wohlfühle
- weil ich meine Arbeit gerne mache
- weil ich mich zu Hause langweilen würde
- weil ich anerkannt werde
- weil die Arbeit interessant und vielseitig ist

4 Führe nun in deinem Familien- oder Bekanntenkreis die Umfrage durch.

Arbeitszeit: immer gleich?

Den Begriff „Arbeitszeit" hast du wahrscheinlich schon einmal gehört. Du musst eine bestimmte Zeit in der Schule verbringen, einige Zeit verwendest du für das Lernen oder für die Hausaufgaben. Vielleicht musst du im Haushalt mithelfen und eventuell arbeitest du schon nach der Schule und trägst Zeitungen aus, hilfst einem Nachbarn im Garten oder gehst zum Babysitten.

Aber was bedeutet „Arbeitszeit" im Beruf? Arbeiten alle Berufstätigen gleich lang und in gleicher Weise?

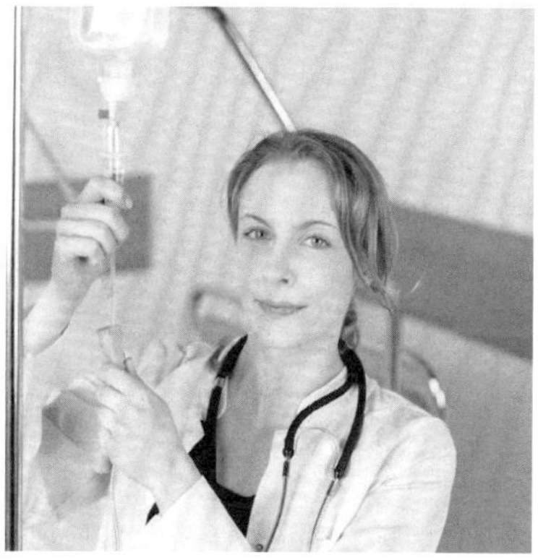

1 **Überlege zunächst alleine, was dir zum Thema Arbeitszeit einfällt, und notiere Stichpunkte.**

2 **Suche dir einen oder zwei Arbeitspartner. Vergleicht und besprecht eure Ergebnisse und ergänzt diese gegebenenfalls.**

Z

Zusatzaufgabe

3 **Nimm ein DIN-A4-Blatt und lege eine Tabelle mit 4 Spalten und 11 Zeilen an.**

Person	arbeitet als …	arbeitet bei …	Arbeitszeit

4 **Trage in deine Tabelle bis zu 10 Personen aus deinem Verwandten- und Bekanntenkreis ein. Notiere für jede Person, als was sie arbeitet und welche Arbeitszeiten sie hat.**

5 **Suche dir einen oder zwei Arbeitspartner. Vergleicht und besprecht eure Ergebnisse.**

6 **Überlegt nun gemeinsam, welche Gründe es dafür geben könnte, warum Menschen zum Teil unterschiedliche Arbeitszeiten haben. Schreibt die Gründe in Stichpunkten auf.**

Den ganzen Tag auf der Arbeit?

Frau Kameraj: Ich arbeite außer dienstags immer von 8 bis 15 Uhr im Büro. Dienstags haben wir immer länger, da arbeite ich von 9 bis 18 Uhr. Am Wochenende habe ich frei.

Herr Christens: Mein Vater ist schon sehr alt und muss gepflegt werden. Ich arbeite immer nur von acht bis zwölf Uhr, damit ich mich um ihn kümmern kann.

Herr Akar: Bei uns in der Firma können wir immer zwischen 7:30 und 9 Uhr anfangen und zwischen 15 und 17 Uhr Schluss machen. Die Arbeitszeit von 38 Stunden pro Woche muss aber stimmen.

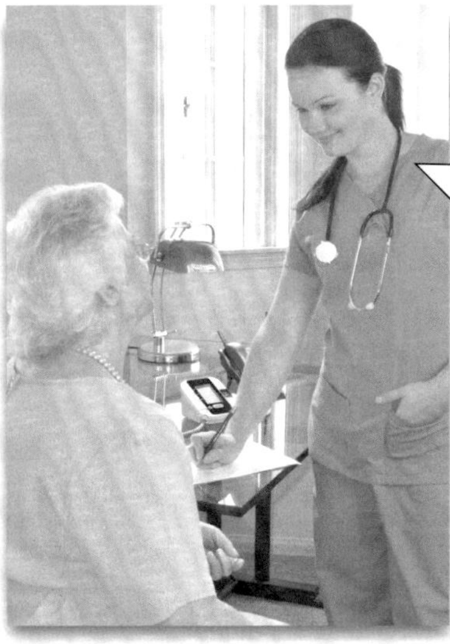

Frau Löffler: Ich arbeite als Krankenschwester 8 Stunden täglich im Krankenhaus. Da die Patienten Tag und Nacht versorgt werden müssen, habe ich Nacht-, Früh- und Spätschicht. Auch am Wochenende muss ich zweimal im Monat ran, dafür habe ich dann Montag und Dienstag frei.

1 **Lies dir die Fallbeispiele aufmerksam durch. Fülle die Tabelle aus.**

Person	tägliche Arbeitszeit in Stunden	wöchentliche Arbeitszeit in Stunden	Besonderheiten

Arbeitszeitmodelle im Überblick

Die Arbeitszeiten in einem Betrieb können für Arbeitnehmer sehr unterschiedlich sein. Das liegt zum einen daran, dass Arbeitnehmer unterschiedliche Wünsche und Gründe haben, wann sie arbeiten wollen. Bei dem einen ist es zum Beispiel der Wunsch nach mehr Freizeit, ein anderer will sich gut um seine Familie kümmern können. Wie die Arbeitszeiten in einem Betrieb festgelegt sind, liegt zum anderen auch daran, wie der Betrieb die Arbeitnehmer braucht. Ein Koch in einer Gaststätte arbeitet oft mittags, abends und am Wochenende, eine Erzieherin hat ihre Arbeitszeit vor allem dann, wenn die Kindertagesstätte für die Kinder geöffnet ist. Viele Produktionsbetriebe arbeiten Tag und Nacht, damit die teuren Maschinen ausgelastet sind und die Produktionsaufträge erfüllt werden können. In Betrieben kann es bis zu drei Schichten geben: Früh-, Spät- und Nachtschicht. Wie viele Stunden ein Arbeitnehmer pro Woche arbeitet, ist mit dem Arbeitgeber vorher vertraglich fest vereinbart worden. Ist ein Arbeitnehmer innerhalb einer Arbeitswoche immer volle Arbeitstage im Betrieb tätig, so arbeitet er in Vollzeit. Ist er innerhalb einer Arbeitswoche nur einen Teil eines Arbeitstages im Betrieb oder nur einige volle Tage, so arbeitet er in Teilzeit.

Es ist aber in vielen Betrieben so, dass so viel Arbeit anliegt, dass die vereinbarten Arbeitsstunden nicht ausreichen. Dann können mit dem Arbeitnehmer Überstunden vereinbart werden, die zu den vereinbarten Arbeitsstunden hinzukommen. Auch wird entweder durch die Betriebsleitung oder gemeinsam mit den Arbeitnehmern festgelegt, ob diese Stunden zusätzlich bezahlt oder später wieder abgebummelt werden.

Manchmal ist es aber auch so, dass ein Betrieb über längere Zeit sehr wenige Aufträge erhält. Dann kann Kurzarbeit angeordnet werden. Die Arbeitnehmer arbeiten weniger Stunden als sie vorher vereinbart haben. Das heißt, sie haben mehr Freizeit, aber auch weniger Geld. Einen Teil des Lohnausfalls bezahlt den Arbeitnehmern die Agentur für Arbeit.

Viele Unternehmen bieten flexible Arbeitszeitmodelle an. Das bekannteste Modell ist die Gleitzeit. Der Arbeitgeber schreibt bei Gleitzeitarbeit einen Zeitraum vor, innerhalb dessen die Arbeitnehmer ihre Arbeitszeit ableisten müssen. So kann es sein, dass ein Arbeitnehmer morgens zwischen 7 und 9 Uhr mit seiner Arbeit beginnen kann und zwischen 16 und 18 Uhr aufhört. Das kann er selbst festlegen, aber er muss die vereinbarte Wochenarbeitszeit von z. B. 39 Stunden einhalten. Viele Arbeitnehmer führen ein Arbeitszeitkonto und müssen sich mit einem Chip oder einer Karte in ein Arbeitszeiterfassungsgerät einloggen, wenn sie kommen und ausloggen, wenn sie wieder gehen.

Für Unternehmen und Einrichtungen, die in Schichten arbeiten, gibt es Dienstpläne, in denen genau festgelegt wird, wer wann arbeitet.

1 Lies dir den Infotext aufmerksam durch. Beantworte die folgenden Fragen in Stichpunkten. Einige Antworten stehen nicht im Text, du musst dann genau überlegen.

a) Warum können die Arbeitszeiten in einem Betrieb sehr unterschiedlich sein? Erkläre deine Aussagen mithilfe von Beispielen.

b) Wer legt fest, wieviele Stunden ein Arbeitnehmer in der Woche arbeitet?

c) Ist es möglich, dass ein Arbeitnehmer mehr oder weniger Stunden arbeitet als eigentlich vereinbart wurde? Wenn ja, warum ist das so?

d) Was bedeuten die Begriffe „Gleitzeit", „Vollzeit" und „Teilzeit"?

e) Welche Vorteile können Arbeitnehmer haben, wenn es eine Gleitzeitregelung gibt?

f) Was sind Vor- und Nachteile von Schichtarbeit? Unterscheide zwischen Arbeitgeber und Arbeitnehmer.

g) Weshalb ist es wichtig, bei Schichtarbeit nach Dienstplänen zu arbeiten?

Arbeitszeitmodelle im Überblick

A

2 Vervollständige das Schaubild zu den unterschiedlichen Arbeitszeitmodellen mithilfe der Schlagwörter. Schreibe mit Bleistift, damit du berichtigen kannst.

wechselnde Arbeitszeiten / Gleitzeit / ~~ganzer Arbeitstag~~ / ~~**Arbeitszeitmodelle**~~ / Teilzeit / Beginn und Ende festgelegt / ~~Schichtarbeit~~ / Vollzeit / Früh-, Spät-, Nachtschicht / flexibel / ~~feste Arbeitszeiten~~ / Teil eines ganzen Arbeitstages

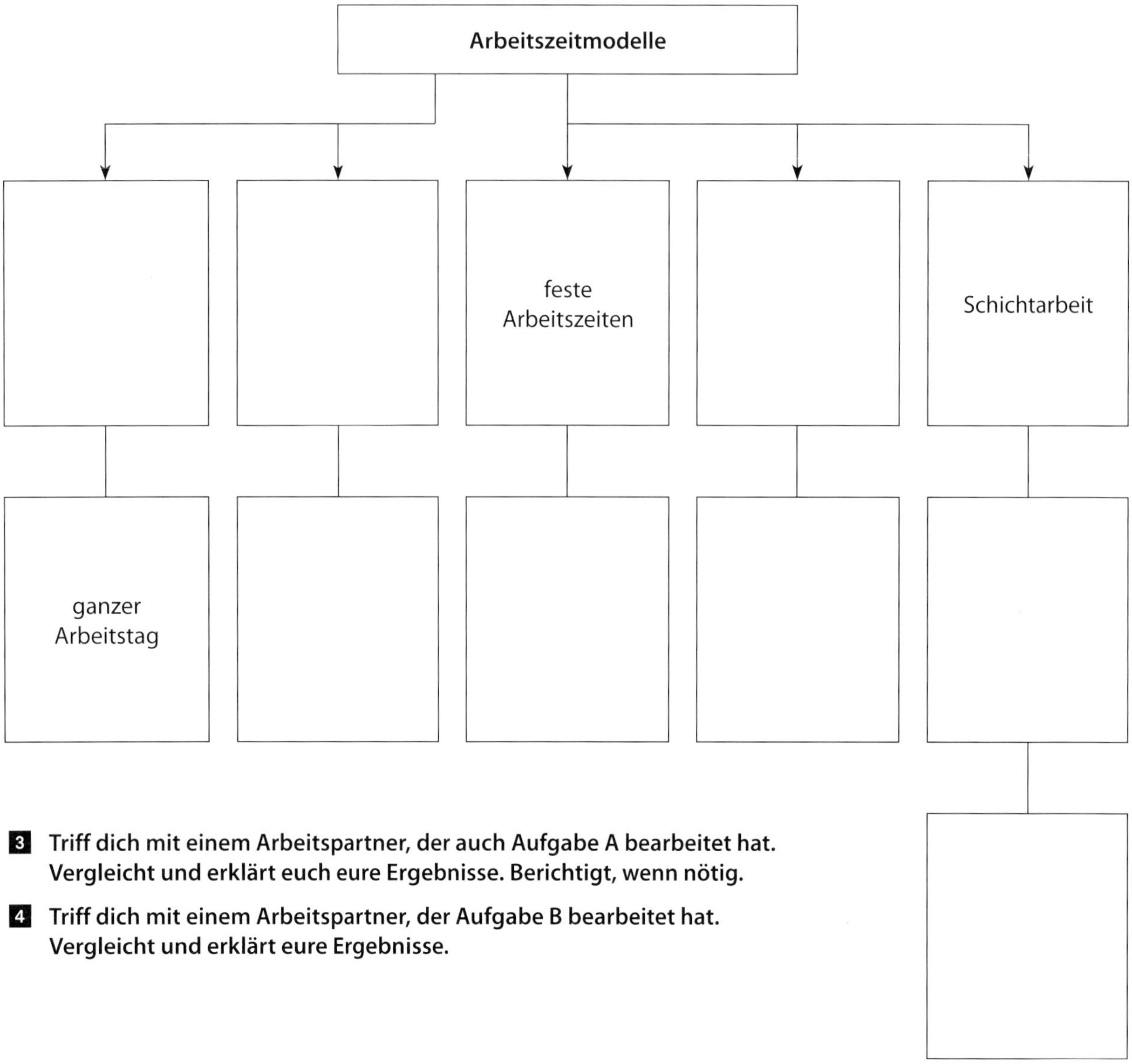

3 Triff dich mit einem Arbeitspartner, der auch Aufgabe A bearbeitet hat. Vergleicht und erklärt euch eure Ergebnisse. Berichtigt, wenn nötig.

4 Triff dich mit einem Arbeitspartner, der Aufgabe B bearbeitet hat. Vergleicht und erklärt eure Ergebnisse.

B

2 Erstelle mithilfe der folgenden Begriffe ein Schaubild zu den unterschiedlichen Arbeitszeitmodellen. Tipp: Schreibe die Begriffe auf kleine Karten, damit du durch Legen und Verschieben der Kärtchen unterschiedliche Anordnungen ausprobieren kannst.

Beginn und Ende Arbeitstag / wechselnde Arbeitszeiten / Gleitzeit / ganzer Arbeitstag / Arbeitszeitmodelle / Teilzeit / Beginn und Ende festgelegt / Schichtarbeit / Vollzeit / Früh-, Spät-, Nachtschicht / feste Arbeitszeiten / Teil eines ganzen Arbeitstages / *Länge Arbeitstag* / flexibel

3 Triff dich mit einem Arbeitspartner, der auch Aufgabe B bearbeitet hat. Vergleicht und erklärt euch eure Ergebnisse. Berichtigt, wenn nötig.

4 Triff dich mit einem Arbeitspartner, der Aufgabe A bearbeitet hat. Vergleicht und erklärt eure Ergebnisse.

Beschäftigungsmodelle im Überblick

1 **Lies die Beschreibung der Beschäftigungsmodelle und die Aussagen der Beschäftigten aufmerksam durch.**

2 **Ordne die Aussagen auf der rechten Seite des Blattes dem jeweiligen Beschäftigungsmodell durch Pfeile richtig zu.**

unbefristet beschäftigt: Der Arbeitnehmer ist auf Dauer bei einem Unternehmen beschäftigt. Erst, wenn eine der beiden Seiten kündigt, endet das Arbeitsverhältnis.

befristet beschäftigt: Der Arbeitnehmer ist nur eine vorher festgelegte Zeit, z. B. für ein Jahr, in einem Unternehmen beschäftigt. Ist diese Zeit vorbei, endet das Arbeitsverhältnis ohne besondere Kündigung. Es kann aber verlängert werden.

geringfügig beschäftigt: Der Arbeitnehmer arbeitet in einem Unternehmen und verdient nicht mehr als 450 € im Monat übers Jahr gerechnet. Der Arbeitnehmer verdient entweder das Jahr über jeden Monat bis zu 450 €, oder er arbeitet nur wenige Wochen oder Monate im Jahr und verdient dann mehr. Der Jahresdurchschnitt muss stimmen. Geringfügig Beschäftigte zahlen außer der Rentenversicherung keine Sozialabgaben.

Zeitarbeit: Der Arbeitnehmer arbeitet in einem Unternehmen, das ihn an andere Unternehmen für einige Wochen oder Monate „ausleiht". Zeitarbeit hieß früher auch Leiharbeit. Ist die „Ausleihzeit" vorbei, wird der Arbeitnehmer an ein anderes Unternehmen „ausgeliehen". Zeitarbeitnehmer bekommen ihr Geld nicht von dem Unternehmen, bei dem sie gerade arbeiten, sondern von dem Unternehmen, das sie immer wieder „ausleiht".

Homeoffice: Der Arbeitnehmer ist bei einem Unternehmen beschäftigt, arbeitet aber zu Hause. Er arbeitet an einem Büroarbeitsplatz mit Internet, PC und Telefon.

(1) „Ich arbeite nur im November und Dezember als Verkäuferin und komme dann auf jeweils 2.000 € im Monat. Die übrigen Monate mache ich den Haushalt, mein Mann geht arbeiten."

(2) „Ich arbeite als Sozialpädagoge in einem Jugend- und Freizeithaus. Jedes Jahr muss ich zittern, ob mein Vertrag verlängert wird."

(3) „Ich konstruiere am PC Bauteile für unsere Firma. Ich habe von der Firma ein Konstruktionsprogramm und kann mir zu Hause die Zeit selbst einteilen. Manchmal fehlen mir aber die Kollegen."

(4) „Ich arbeite seit fünfzehn Jahren in der Firma. Es gefällt mir hier sehr."

(5) „Alle paar Wochen arbeite ich in einer anderen Firma. Die Arbeit ist dadurch sehr abwechslungsreich. Aber dass ich mich ständig auf neue Kollegen einstellen muss, nervt mich manchmal."

3 **Denke dir zu jedem Beschäftigungsmodell zwei bis drei Fragen aus, auf die ein Mitschüler später antworten soll. Notiere jeweils das Beschäftigungsmodell und die dazugehörigen Fragen.**

Beispiel: Wie lange kann ein unbefristet beschäftigter Arbeitnehmer bei einem Unternehmen arbeiten?

....

....

....

....

....

Flexibilität ist für Arbeitgeber und für Arbeitnehmer wichtig

Unternehmen brauchen Mitarbeiter, die das Unternehmen und seine Abläufe gut kennen, die sich bewährt haben und auf die sich der Arbeitgeber verlassen kann. Gleichzeitig muss sich ein Unternehmen aber auch auf veränderte Geschäftslagen einstellen. Bei guter Auftragslage muss es schnell und viel produzieren, es braucht gegebenenfalls kurzfristig mehr Mitarbeiter, als es eigentlich eingestellt hat. Läuft das Geschäft mal nicht so gut, hat das Unternehmen die Kosten für seine angestellten Arbeitnehmer zu tragen, für die es gerade keine Arbeit hat. Aber auch die Bedürfnisse von Arbeitnehmern sind unterschiedlich. Für manche Arbeitnehmer ist es wichtig, Karriere zu machen. Sie nehmen dafür in Kauf, sehr viel zu arbeiten und kaum Zeit für Familie oder Freizeit zu haben. Für andere ist es wichtiger, feste immer gleiche Arbeitszeiten zu haben, um Zeit für die Familie, ehrenamtliche Tätigkeiten, Sport oder sonstige Freizeitaktivitäten zu haben. Manchmal ändern sich die Bedürfnisse aber auch, weil sich ihre Lebensverhältnisse ändern. Ein Paar bekommt ein Baby, ein Familienmitglied wird krank, Eltern lassen sich scheiden – das sind mögliche Gründe, warum ein Arbeitnehmer seine Arbeitszeit verkürzen oder zu Hause arbeiten möchte. Veränderungen wie der Auszug erwachsener Kinder oder der Kauf eines Hauses, das nun abbezahlt werden muss, sind Gründe dafür, mehr zu arbeiten.

1 **Für diese Aufgabe benötigt ihr ein DIN-A4-Blatt. Übertragt die Tabellen auf das Blatt und notiert zu jedem Arbeitszeit- und zu jedem Beschäftigungsmodell die Vor- und die Nachteile für den Arbeitgeber. Berücksichtigt dabei, was ihr über Arbeitszeit- und Beschäftigungsmodelle bereits wisst.**

Arbeitszeitmodelle	Vorteile für den Arbeitgeber	Nachteile für den Arbeitgeber
Vollzeitarbeit		
Teilzeitarbeit		
Gleitzeit		
Schichtarbeit		
feste Arbeitszeit		

Beschäftigungsmodelle	Vorteile für den Arbeitgeber	Nachteile für den Arbeitgeber
unbefristet beschäftigt		
befristet beschäftigt		
geringfügig beschäftigt		
Homeoffice		
Zeitarbeit		

2 **Erstellt die beiden Tabellen noch einmal und führt darin die Vor- und die Nachteile für den Arbeitnehmer auf.**

Arbeitszeitmodelle	Vorteile für den Arbeitnehmer	Nachteile für den Arbeitnehmer
V ollzeitarbeit		
Teilzeitarbeit		

3 **Vergleicht und besprecht eure Ergebnisse in der Klasse und ergänzt diese gegebenenfalls.**

4 **Schreibe auf, welches Arbeitsmodell du dir für deine zukünftige Arbeit vorstellen kannst und begründe deine Entscheidung.**

Der Lohn für seine Mühe: Entgeltzahlungen und Lohnformen

Menschen gehen arbeiten und tauschen ihre Arbeitskraft gegen Geld. Das Geld, das ein Beschäftigter für die geleistete Arbeit vom Arbeitgeber erhält, wird Entgelt, Verdienst oder Vergütung genannt. In Produktionsbetrieben heißt das Entgelt für die Arbeiter auch Lohn, bei Angestellten heißt es Gehalt, bei Auszubildenden Ausbildungsvergütung.

Entgeltzahlungen können unterschiedlich berechnet werden. Grundlage für die Berechnung ist entweder die geleistete Arbeitszeit oder die erbrachte Leistung. Diese beiden Lohnformen werden Zeitlohn und Leistungslohn (Leistungsentgelt) genannt. Der Stundenlohn ist die Höhe des Entgelts für eine Arbeitsstunde.

Oft ist es so, dass Arbeitgeber in ihren Entgeltberechnungen Zeitlohn und Leistungslohn (Leistungsentgelt) miteinander kombinieren. Ein Arbeiter bekommt zum Beispiel die Vorgabe, in einer Stunde 20 Bauteile zusammenzubauen und muss acht Stunden am Tag arbeiten. Dafür bekommt er seinen Lohn am Monatsende entsprechend der abgeleisteten Arbeitsstunden. Schafft er aber 25 Bauteile in der Stunde in super Qualität, zahlt ihm der Arbeitgeber zusätzlich eine Mengenleistungsprämie. Noch ein Beispiel: Ein Mitarbeiter in einem Reisebüro bekommt einen festen Stundenlohn plus einen Zuschlag für jede verkaufte Reise.

Unternehmen möchten, dass ihre Beschäftigten gute Arbeit leisten und viele Jahre im Betrieb sind. Deshalb zahlen sie, wenn sie erfolgreich sind, ihren Beschäftigten oft „noch was drauf". Das kann zum Beispiel eine Prämie vom Gewinn oder zusätzliches Geld am Jahresende oder zum zwanzigjährigen Dienstjubiläum sein.

1 Lies den Infotext aufmerksam durch. Finde den passenden Fachbegriff und schreibe ihn hinter die Erklärung.

- Geldbetrag, den Menschen für ihre geleistete Arbeit erhalten: E..

  oder .... oder ....

- Geld, das Arbeiter für ihre Arbeit erhalten: ....
- Geld, das Angestellte für ihre Arbeit erhalten: ....
- Entgelt für eine Arbeitsstunde: ....
- Entgeltzahlung für erbrachte Leistung: ....
- Zusätzliches Entgelt für gute Arbeit: ....
- Entgelt für Auszubildende: ....

2 Stell dir vor, du könntest entscheiden, welche Lohnformen in den folgenden Berufen gelten sollen. Denke nach und begründe deine Entscheidung.

– Altenpfleger ....

– Frisör ....

– Maurer ....

– Zerspanungsmechaniker ....

– Gebäudereiniger ....

– Automobilkaufmann ....

Name:	Klasse:	Datum:

Überprüfe dein Wissen! Arbeit ist das halbe Leben

1 **Was ist Arbeit? Schreibe auf, was Arbeit ist, welche Merkmale Arbeit ausmachen und warum Menschen arbeiten.**

2 **a) Sind Kinder und Jugendliche laut Gesetz dazu verpflichtet, zu Hause mitzuhelfen?**

b) Welche Vorteile bringt es für dich, wenn du zu Hause im Haushalt mithilfst? Zähle drei Vorteile auf und erkläre sie.

3 **Menschen arbeiten aus unterschiedlichen Gründen. Zähle untereinander fünf Gründe auf, warum Menschen zur Arbeit gehen. Kreuze drei Gründe an, die dir wichtig wären, wenn du zur Arbeit gehen würdest.**

4 **a) Trage die Wörter und Wortgruppen richtig in das Schaubild ein.**

Gleitzeit / ~~Arbeitszeitmodelle~~ / Teilzeit / Schichtarbeit / Vollzeit / feste Arbeitszeit / ~~Länge des Arbeitstags~~ / Beginn und Ende das Arbeitstags

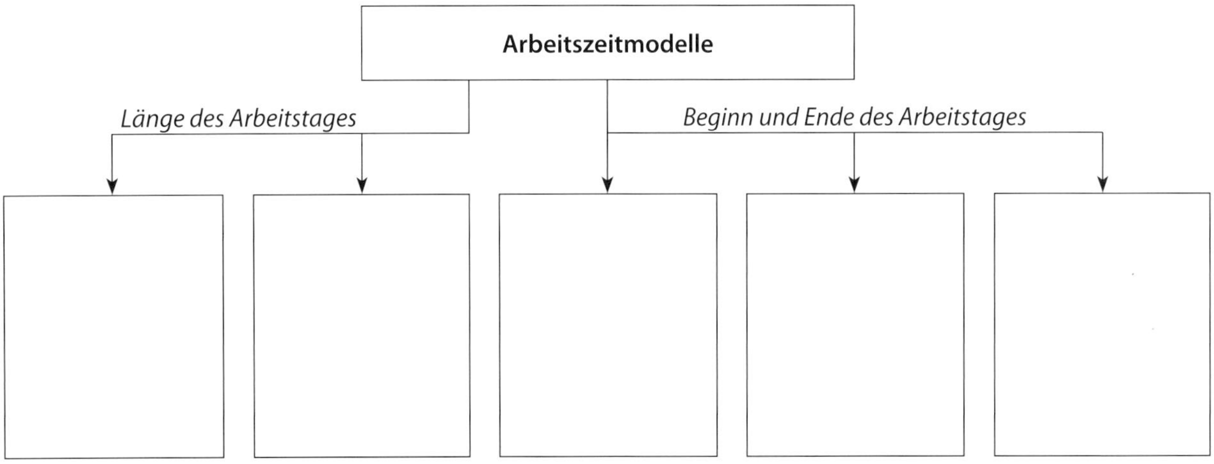

b) Erkläre den Unterschied zwischen Voll- und Teilzeit. Welche Vor- und Nachteile bringen beide Modelle für den Arbeitnehmer?

c) Was verstehen wir unter Gleitzeit? Welche Vorteile bietet sie im Vergleich mit einer fest vorgeschriebenen Arbeitszeit?

d) Lies dir das Fallbeispiel aufmerksam durch. Überlege ein Arbeitszeitmodell, mit dem die Familie Dimitrios gut leben kann. Erkläre deine Entscheidungen ausführlich.

Das Ehepaar Dimitrios lebt in Hagen. Die beiden Kinder sind vier und neun Jahre alt und besuchen die Kindertagesstätte bzw. die Ganztagsgrundschule. Die Kindertagesstätte hat bis 17 Uhr geöffnet, außer freitags, da schließt sie bereits um 14 Uhr. Schule ist immer bis um vier, außer dienstags, da geht sie bis drei Uhr. Herr Dimitrios arbeitet in Teilzeit an drei Tagen mit einer Arbeitszeit von 24 Stunden in der Woche bei einem Autozulieferer in Olpe. Er kann zwischen 7 und 9 Uhr mit der Arbeit anfangen und zwischen 15 und 18 Uhr Schluss machen. Um zur Arbeit zu kommen, braucht er immer eine Dreiviertelstunde. Seit die Kinder da sind, hat Frau Dimitrios nicht mehr gearbeitet. Sie ist von Beruf Altenpflegerin. Da könnte sie auch in Schichten arbeiten, da die Menschen im Pflegeheim rund um die Uhr betreut werden müssen. Vor kurzem hat sich die Familie eine Eigentumswohnung gekauft und dafür einen Kredit aufgenommen. Mehr Geld muss her …

Name:	Klasse:	Datum:

Überprüfe dein Wissen! Arbeit ist das halbe Leben

5 Erläutere die Unterschiede zwischen den folgenden Beschäftigungsmodellen. Denke dir auch zu jedem Modell ein Beispiel aus und notiere es.

befristet beschäftigt, unbefristet beschäftigt, geringfügig beschäftigt

6 Was ist Zeitarbeit? Berichtige die folgende Aussage.

Zeitarbeit ist ein Beschäftigungsmodell, bei dem ein Mitarbeiter seine Arbeitszeit zu Hause in einem Büro verbringt und mit Computer, Internet und Telefon ausgestattet ist. Nach einer vorgegebenen Zeit muss er mit seiner Arbeit fertig sein und der Firma, für die er arbeitet, seine Ergebnisse abliefern.

7 Ordne die Lohnformen mit Pfeilen der entsprechenden Beschreibung richtig zu.

Geld, das Arbeiter für ihre Arbeit erhalten:	Verdienst oder Vergütung
Entgelt für Auszubildende:	Prämie
Geld, das Angestellte für ihre Arbeit erhalten:	Gehalt
Entgelt für eine Stunde:	Leistungslohn
Geldbetrag, den Menschen für ihre geleistete Arbeit erhalten:	Stundenlohn
Zusätzliches Entgelt für gute Arbeit:	Ausbildungsvergütung
Entgeltzahlung für erbrachte Leistungen:	Lohn

Hinweise und Lösungen

Seite 24–25 Was ist Arbeit?

Hinweis
Die Ergebnisse zu Aufgabe **1** und **2** fallen individuell aus.

Lösung zu Aufgabe 3

Unter Arbeit verstehen wir zielbewusste Tätigkeiten im Lebensalltag, die Zeit und Kraft kosten und einen Nutzen für sich und andere bringen. Menschen arbeiten
- um Geld zu verdienen,
- um etwas zu lernen,
- um die Freizeit sinnvoll zu verbringen,
- um den Haushalt zu führen.

Lösungserwartung zu Aufgabe 4
Stefan Vogt arbeitet als Koch. Er muss für sich und seine Tochter Geld verdienen. Im Haushalt ist er für das Wäschewaschen und den Einkauf zuständig. Das Kochen teilt er sich mit seiner Tochter Romina.
Romina Vogt lernt in der Schule und zu Hause. Sie will gute Noten haben, um eine Ausbildung in ihrem Traumberuf machen zu können. Im Haushalt hält sie die Wohnung sauber und ist für das Aus- und Einräumen der Geschirrspülmaschine zuständig. Mit ihrem Vater teilt sie sich das Kochen.
Christoph Vogt repariert Möbel für einen Kindergarten und hat auch schon für jede Kindergartengruppe ein eigenes Puppenhaus gebaut. Er möchte auch im Ruhestand eine sinnvolle Aufgabe haben.

Seite 26 Arbeiten im Haushalt: Bin ich dabei?

Hinweis
Die Schülerantworten fallen individuell aus. Es geht hier zunächst einmal darum, dass die Schüler grundsätzlich über das Thema reflektieren und sich einen eigenen Standpunkt erarbeiten.

Seite 27 Arbeiten im Haushalt: Pflicht oder Kür?

Hinweis
Ziel dieses Aufgabenblattes ist es, dass die Schüler die Gesetzeslage kennenlernen. Kinder und Jugendliche sind nämlich oft überrascht, dass ihre Eltern ihre Mitarbeit im Haushalt einfordern können. In einem zweiten Schritt geht es dann darum, über den Sinn von Hausarbeit nachzudenken und die Situation in der eigenen Familie zu reflektieren.

Lösungsbeispiel zu Aufgabe 1
Ein Kind ist, solange es zu Hause bei seinen Eltern wohnt und von ihnen versorgt wird, zur Mithilfe im Haushalt verpflichtet. Wenn die Eltern ein Geschäft haben, müssen die Kinder auch mithelfen. Die Arbeiten müssen aber dem Alter des Kindes und den persönlichen Umständen angepasst sein.

Für lernschwache Schüler oder Schüler im gemeinsamen Unterricht können Sie folgende Aufgabe alternativ für Aufgabe **1** anbieten und einen selbst ausgefüllten Lückentext als Lösung anbieten.

✂- -

Vervollständige den Lückentext. Setze die folgenden Wörter richtig ein.

mithelfen / zu Hause / persönlichen Umständen / Geschäft / dem Alter / Mithilfe

Muss ich zu Hause mithelfen?

Ein Kind ist, solange es .... bei seinen Eltern wohnt und von ihnen versorgt wird, zur ....

im Haushalt verpflichtet. Wenn die Eltern ein .... haben, müssen die Kinder auch ....

Die Arbeiten müssen aber .... des Kindes und den ....

angepasst sein.

✂- -

Seite 28 — Eine feste Arbeitsstelle nur um Geld zu verdienen?

Lösungsvorschlag zu Aufgabe 1

a) Herr Hanisch arbeitet im Lager eines Einrichtungshauses. Er nimmt Waren entgegen und sortiert sie mit dem Gabelstapler in die Regale ein. Außerdem stellt er Lieferungen für Kunden zusammen. Er trägt alles, was an- und ausgeliefert wird, am PC ein.

b)
- Er macht seine Arbeit gerne.
- Er versteht sich gut mit seinen Kollegen.
- Er wird von Kollegen und Vorgesetzten anerkannt.
- Er arbeitet, um die Familie zu versorgen.

c) Herrn Hanisch stört, dass er seine Kinder erst spät sieht: Er hat um 17 Uhr Schluss und braucht dann noch eine Stunde für den Heimweg.

Hinweise zu Aufgabe 2

Die Ergebnisse fallen individuell aus. Wichtig ist, dass die Schülerantworten konkret und mit Beispielen belegt sind. Die DIN-A4-Blätter aus Aufgabe 2 b) sollten in der Gesamtlerngruppe vorgestellt werden. Alternativ können die Blätter von ein oder zwei Schülern eingesammelt und ausgewertet werden. Diese können die Ergebnisse dann dem Plenum in einem Kurzvortrag knapp vorstellen.

Hinweise zu Aufgabe 3 und 4

In Aufgabe 3 sollen die Schüler eine Befragung zum Thema „Warum gehen Menschen arbeiten?" vorbereiten. Ziel dieser Aufgabe ist, dass am Schluss ein Formular vorliegt, das die Schüler für Aufgabe 4 nutzen können. Diesen Fragebogen sollte man durch Ankreuzen leicht ausfüllen können.

Beispiel-Fragebogen

Eine Tabelle mit sechs Spalten und zehn Zeilen: sieben Zeilen sind für die bereits genannten Gründe in Aufgabe 3 vorgesehen, in den zwei zusätzlichen Zeilen ist noch Platz für Ergänzungen, falls jemand noch weitere Gründe nennt.

Gründe dafür, warum Menschen arbeiten gehen	Person 1:	Person 2:	Person 3:	Person 4:	Person 5:
um Geld zu verdienen					
um mit Kollegen zusammen zu sein					
…					

Aufgabe 4 sollte als Hausaufgabe gestellt werden. Die Ergebnisse können in Kleingruppen von vier bis sechs Schülern verglichen werden. Die Fragebogen können im Nachhinein eingesammelt werden und bieten für ein bis zwei Schüler die Möglichkeit, die Ergebnisse auszuwerten und in einem Kurzvortrag zu präsentieren. Falls es an eigenen Interviewpartnern mangelt, können zum Beispiel auch Lehrkräfte und Hausmeister an der Schule befragt werden.

Seite 29 — Arbeitszeit: immer gleich?

Die Ergebnisse zu Aufgabe 1 und 2 fallen individuell aus. Erwartet werden können Aussagen wie: fünf Tage in der Woche arbeiten, Urlaub, Minijob, arbeitslos, den ganzen Tag arbeiten, halbtags arbeiten etc. So wird das Vorwissen zum Thema Arbeitszeit aktiviert. Bei Aufgabe 2 sollten nicht mehr als drei Schüler zusammenarbeiten, um die ganze Gruppe aktiv in die Aufgabenstellung einzubinden.

Die Aufgaben 3 bis 6 können vielfältig eingesetzt werden: Sie können von allen Schülern erarbeitet werden oder Sie geben diese als Zusatzaufgaben an schnelle Schüler. Eigene Erfahrungen aus dem Familien- oder Bekanntenkreis vermitteln den Schülern erste Vorstellungen davon, dass Menschen zu unterschiedlichen Zeiten und unterschiedlich lang arbeiten und welche Gründe es dafür gibt.

Seite 30 — Den ganzen Tag auf der Arbeit?

Hinweise und Lösung zu Aufgabe 1

Die Aufgabe eignet sich als Einführung in das Thema Arbeitszeitmodelle. Ein Unterrichtsgespräch dazu, wie im Familien- und Verwandtenkreis die Arbeitszeit ausgestaltet wird, bietet sich an. 450-Euro-Jobs werden etwas später in den Beschäftigungsverhältnissen thematisiert.

Person	tägl. Arbeitszeit in Stunden	wöchentl. Arbeitszeit in Stunden	Besonderheiten
Frau Kameraj	7 Std., Die. 9 Std.	37 Std.	dienstags arbeitet sie länger, sonst immer gleich
Herr Christens	4 Std.	20 Std.	immer vormittags auf der Arbeit, weniger Stunden
Frau Löffler	8 Std.	40 Std.	muss 2-mal im Monat am Wochenende arbeiten, hat dann Montag und Dienstag frei, Schichtarbeit
Herr Akar	zwischen 7,5 und 10 Std.	38 Std.	kann zwischen 7:30 Uhr und 9 Uhr anfangen und zwischen 15 und 17 Uhr aufhören, muss in der Woche auf 38 Std. kommen

Seite 31–32 Arbeitszeitmodelle im Überblick

Lösungserwartung zu Aufgabe 1

a) Die Arbeitnehmer haben unterschiedliche Wünsche und Gründe dafür, wann sie arbeiten wollen, z. B. mehr Freizeit, genug Zeit für die Familie haben. / Es kommt auch darauf an, wann ein Betrieb die Mitarbeiter braucht, z. B. arbeitet ein Koch oft mittags und abends, Schichtarbeit ist nötig, um Produktionsaufträge zu erfüllen.

b) Das vereinbart der Arbeitnehmer vorher fest vertraglich mit dem Arbeitgeber.

c) Ja, beides ist möglich: Wenn es sehr viel zu tun gibt, gibt es Überstunden, wenn es längere Zeit wenig zu tun gibt, gibt es Kurzarbeit.

d) **Gleitzeit:** Arbeitgeber gibt einen Zeitraum vor, innerhalb dessen die Mitarbeiter anfangen und aufhören zu arbeiten; eine vereinbarte Wochenarbeitszeit muss eingehalten werden
Vollzeit: Der Arbeitnehmer arbeitet in einer Arbeitswoche immer ganze Tage lang.
Teilzeit: Der Mitarbeiter arbeitet in der Woche nur einen Teil der Arbeitstage lang.

e) Arbeitnehmer kann mal ausschlafen oder morgens länger trödeln; wenn er privat einen Termin hat oder etwas anderes vorhat, kann er früher Schluss machen

f) **Vorteile für den Arbeitnehmer:** Man hat oft zu Tageszeiten frei, zu denen andere arbeiten und man kann etwas unternehmen; wenn man Kinder hat, kann einer auf die Kinder aufpassen, während der andere arbeitet.
Nachteile für den Arbeitnehmer: Schichtwechsel und Nachtarbeit fallen schwer und belasten die Gesundheit, man sieht z. B. bei Spätschicht seine Kinder nicht so oft.
Vorteile für den Arbeitgeber: Maschinen sind ausgelastet, alle Produktionsaufträge können erfüllt werden
Nachteile für den Arbeitgeber: Die Schichtarbeit muss gut organisiert werden.

g) Die Schichten müssen für die Arbeitnehmer gerecht verteilt werden. / Damit die Schichten gut funktionieren, muss jeder wissen, wann er welche Schicht hat. / Wenn in Dienstplänen aufgeschrieben ist, wann wer arbeitet, kann jeder leicht nachschauen, wann er Dienst hat, notfalls können Änderungen leichter vorgenommen werden, weil man durch den Plan den Überblick hat.

Hinweise zu Aufgabe 2

Diese Aufgabe wird in zwei Niveaustufen angeboten. Angebot A ist für Schüler oder Lerngruppen mit einem niedrigeren Lernniveau geeignet, Angebot B ist anspruchsvoll. Die unterschiedlich hervorgehobenen Wörter und Wortgruppen bei Variante B helfen den Schülern weiter. Die Schülererarbeitung ist dann richtig, wenn sie inhaltlich Lösungserwartung A entspricht.

Lösungserwartung zu Aufgabe 2

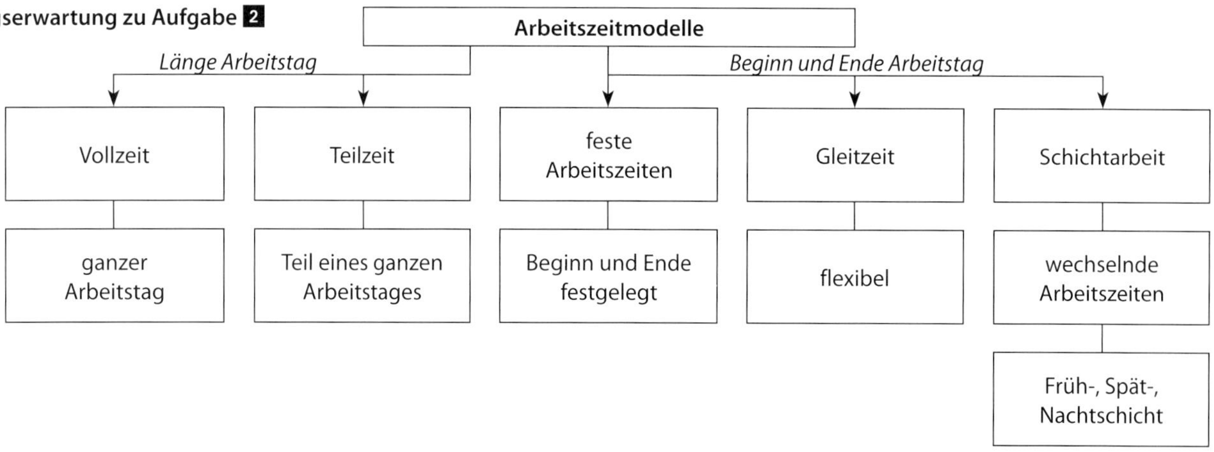

Seite 33 Beschäftigungsmodelle im Überblick

Lösung zu Aufgabe 2

unbefristet beschäftigt:	(4)
befristet beschäftigt:	(2)
geringfügig beschäftigt:	(1)
Zeitarbeit:	(5)
Homeoffice:	(3)

Seite 34 Flexibilität ist für Arbeitgeber und für Arbeitnehmer wichtig

Hinweise zu Aufgabe 1 und 2

Die Schüler sollten hier die Arbeitsblätter „Arbeitszeitmodelle im Überblick" (ab S. 31) sowie „Beschäftigungsmodelle im Überblick" (s. S. 33) zu Hilfe nehmen. Pro Gruppe sollten maximal vier Schüler zusammenarbeiten. Es sind individuelle Lösungen zu erwarten. Das gilt auch für die Lösungen zu Aufgabe 4.

Lösungserwartung zu Aufgabe 1

Arbeitszeitmodelle	Vorteile für den Arbeitgeber (AG)	Nachteile für den Arbeitgeber (AN)
Vollzeitarbeit	Arbeitnehmer (AN) kennt das Unternehmen gut, kann länger dauernde Arbeiten übernehmen.	Wenn die Auftragslage nicht gut ist, muss der AN trotzdem bezahlt werden.
Teilzeitarbeit	evtl. flexibler; manchmal hat ein AG nicht genug Arbeit für eine Vollzeitstelle	AN kann schlecht länger andauernde Arbeiten übernehmen
Gleitzeit	AN ist da, wenn die Arbeit anfällt.	AG weiß nicht immer, wann der AN genau kommt oder geht.
Schichtarbeit	Die notwendigen Arbeitszeiten werden durch AN abgedeckt. Teure Maschinen sind komplett ausgelastet; es gibt keinen Leerlauf.	Ggf. übermüdete AN; Schichtarbeit ist ungesund, so kann es vermehrt zu Krankheitsfällen kommen.
feste Arbeitszeit	AG weiß verlässlich, wann der AN im Unternehmen ist.	Evtl. könnte es manchmal sinnvoller sein, dass AN später kommt und dafür länger bleibt – je nach dem, was zu tun ist.

Beschäftigungsmodelle	Vorteile für den Arbeitgeber	Nachteile für den Arbeitgeber
unbefristet beschäftigt	AG weiß verlässlich, welche Arbeitskraft ihm zur Verfügung steht.	Muss den AN auch bezahlen, wenn die Auftragslage schlecht ist.
befristet beschäftigt	AG stellt AN für eine bestimmt Zeit ein, für die er sicher weiß, dass er Arbeit für den AN hat.	AN fühlt sich dem Unternehmen ggf. nicht so verbunden.
geringfügig beschäftigt/Minijob	Preiswerte Arbeitskraft, da AG nur eine geringe Pauschale an Steuern und Sozialversicherung zahlt.	AN kann schlecht länger andauernde Arbeiten übernehmen, ist seltener im Unternehmen und so nicht so sehr mit dem Unternehmen verbunden.
Homeoffice	AG muss kein Büro zur Verfügung stellen.	Der AN ist wenig im Unternehmen und so schlechter kontrollierbar.
Zeitarbeit	AG leiht die Arbeitskraft nur für die Zeit, für die er Arbeit für sie hat. AG muss sich nicht um Sozialversicherungsbeiträge etc. kümmern.	AN fühlt sich dem Unternehmen ggf. nicht so verbunden. Leiharbeiter muss in die Arbeit eingewiesen werden.

Lösungserwartung zu Aufgabe 2

Arbeitszeitmodelle	Vorteile für den Arbeitnehmer	Nachteile für den Arbeitnehmer
Vollzeitarbeit	Arbeitnehmer (AN) kennt das Unternehmen gut, kann länger dauernde Arbeiten übernehmen, fühlt sich dem Unternehmen ggf. verbunden, hat in der Regel ein gesichertes Einkommen.	AN hat weniger Zeit für Familie und Freizeit.
Teilzeitarbeit	AN hat Zeit für Familie und Freizeit	AN hat geringeres Einkommen
Gleitzeit	AN kann seine Zeit flexibler einteilen.	AN muss darauf achten, dass er sein Zeitkontingent einhält. Kann so ggf. keine zusätzlich bezahlten Überstunden machen.
Schichtarbeit	Ggf. höheres Einkommen durch Nachtarbeitszuschläge	Hohe physische und psychische Belastung für den AN
feste Arbeitszeit	AN weiß verlässlich, wann er arbeiten muss.	AN ist unflexibel.

Beschäftigungsmodelle	Vorteile für den Arbeitnehmer	Nachteile für den Arbeitnehmer
unbefristet beschäftigt	AN hat ein sicheres Einkommen.	
befristet beschäftigt	AN hat eine Arbeit, evtl. kann das ein Einstieg sein, um später unbefristet bei diesem AG arbeiten zu können.	AN hat nur für eine bestimmte Zeit ein sicheres Einkommen. Zukunft ist ggf. ungewiss.
geringfügig beschäftigt/Minijob	AN hat viel Zeit für Familie und Freizeit. AN hat kaum Abzüge für Steuern und Sozialversicherungen.	AN hat ein sehr geringes Einkommen und hat kaum Anspruch auf Leistungen der Sozialversicherungen.
Homeoffice	AN ist flexibel, kann sich zeitweise ggf. zu Hause noch um Familie kümmern.	AN muss ein Büro zu Hause haben. AN hat wenig Kontakt zu Kollegen.
Zeitarbeit	AN hat eine Arbeit; evtl. hat er die Möglichkeit, von einem Unternehmen, von dem er ausgeliehen wird, dauerhaft eingestellt zu werden, wenn man dort sieht, dass er gut arbeitet.	AN hat ständig wechselnde Arbeitsplätze und Kollegen. Fühlt sich nicht dazugehörig und verdient oft weniger als beim Unternehmen angestellte AN.

Seite 35 — Der Lohn für seine Mühe: Entgeltzahlungen und Lohnformen

Lösung zu Aufgabe 1

- Geldbetrag, den Menschen für ihre geleistete Arbeit erhalten: Entgelt oder Verdienst oder Vergütung
- Geld, das Arbeiter für ihre Arbeit erhalten: Lohn
- Geld, das Angestellte für ihre Arbeit erhalten: Gehalt
- Entgelt für eine Arbeitsstunde: Stundenlohn
- Entgeltzahlung für erbrachte Leistung: Leistungslohn
- Zusätzliches Entgelt für gute Arbeit: Prämie
- Entgelt für Auszubildende: Ausbildungsvergütung

Lösungsbeispiel zu Aufgabe 2

- **Altenpfleger:** Gehalt nach Stundenlohn; er hat viele Aufgaben, die sich nicht „messen lassen".
- **Frisör:** Stundenlohn, die Arbeiten, die er zu erledigen hat, sind unterschiedlich und dauern unterschiedlich lange.
- **Maurer:** Leistungslohn oder Prämienlohn: Wenn er den Auftrag in der vorgegebenen Zeit schafft, bekommt er den entsprechenden Lohn. Er bekommt zusätzlich mehr Geld, wenn er schneller fertig ist und schon früher auf der nächsten Baustelle arbeiten kann.
- **Zerspanungsmechaniker:** Stundenlohn, wenn die Maschine automatisch gesteuert wird, da der Arbeiter die Geschwindigkeit nicht beeinflussen kann. Prämienlohn, wenn gute Qualität vom Arbeitgeber extra belohnt wird und der Arbeiter keinen Ausschuss produziert oder wenn der Arbeiter durch seine Arbeit an der Maschine mehr Werkstücke bearbeiten kann.
- **Gebäudereiniger:** Leistungslohn: Er muss in einer bestimmten Zeit das Gebäude gereinigt haben.
- **Automobilkaufmann:** Zeitlohn und Prämie: Er bekommt ein Grundgehalt für Beratungs- und Büroarbeiten und für jedes verkaufte Auto eine Prämie.

Seite 36–37 — Überprüfe dein Wissen! Arbeit ist das halbe Leben

Lösung zu Aufgabe 1

Unter Arbeit verstehen wir zielbewusste Tätigkeiten im Lebensalltag, die Zeit und Kraft kosten und einen Nutzen für sich und andere bringen.

Menschen arbeiten
- um Geld zu verdienen,
- um etwas zu lernen,
- um Freizeit sinnvoll zu verbringen,
- um den Haushalt zu führen.

Lösungserwartung zu Aufgabe 2

a) Ja, sind sie.

b)
- Ich entlaste meine Eltern. Sie haben mehr Zeit für mich oder für sich und bessere Laune.
- Ich lerne, Aufgaben im Haushalt zu erledigen. Dieses Wissen brauche ich später, wenn ich einen eigenen Haushalt habe (z. B. kochen oder Spül- und Waschmaschine bedienen).
- Ich lerne auch, etwas zu erledigen und Verantwortung zu übernehmen, wenn ich mal keine Lust habe. Ich muss zum Beispiel jede Woche die Mülltonnen an die Straße stellen. Wenn ich das nicht mache, bleibt die Tonne voll. Meine Eltern sind dann sauer, weil keiner mehr weiß, wohin mit dem Müll.

Lösungserwartung zu Aufgabe 3

Aus folgenden Gründen gehen Menschen oft arbeiten:

– um Geld zum Leben zu verdienen	x
– weil man gerne unter Kollegen ist	
– weil man sich auf der Arbeit wohlfühlt	x
– weil man seine Arbeit gerne macht	
– weil man sich zu Hause langweilen würde	x
– weil man anerkannt wird	
– weil die Arbeit interessant und vielseitig ist	

Lösung zu Aufgabe 4

a)

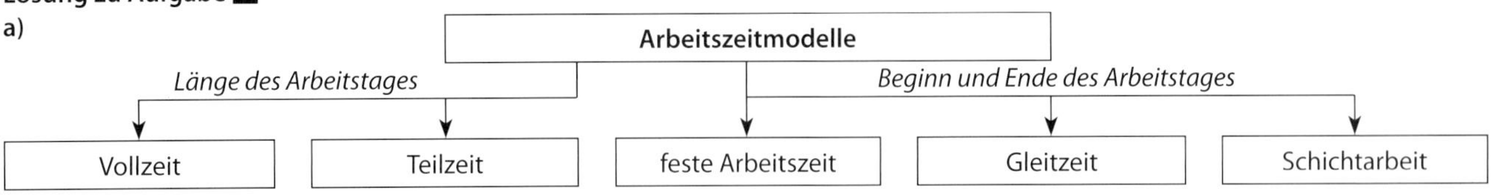

b) Bei Vollzeit arbeitet ein Mitarbeiter einen ganzen Arbeitstag, z. B. 38 oder 40 Stunden in der Woche. Bei Teilzeit arbeitet ein Mitarbeiter nur einen Teil eines Arbeitstages, z. B. 20 Stunden in der Woche. Bei Vollzeit verdient der Mitarbeiter mehr Geld, hat aber weniger Freizeit und weniger Zeit für die Familie. Bei Teilzeit verdient er weniger, dafür hat er mehr Zeit zur Verfügung, die er selbst verplanen kann.

c) Bei Gleitzeit schreibt der Arbeitgeber einen Zeitraum vor, innerhalb dessen die Arbeitnehmer ihre Arbeitszeit ableisten müssen. Ein Arbeitnehmer kann z. B. morgens zwischen 7 und 9 Uhr mit seiner Arbeit beginnen und zwischen 16 und 18 Uhr aufhören. Das kann er selbst festlegen, aber er muss die vereinbarte Wochenarbeitszeit einhalten.

d) Lösungserwartung: Herr Dimitrios kann von Teilzeit auf Vollzeit gehen, also jeden Tag zur Arbeit fahren. Frau Dimitrios könnte Teilzeit oder auf 450-€-Basis arbeiten. Wichtig ist, dass sie ihre Arbeitszeiten so legen kann, dass sie ihre Kinder nach der Tagesstätte und Schule betreuen kann. Frau Dimitrios könnte auch in Nacht- oder Spätschichten arbeiten. Dann müsste sie sich gut mit ihrem Mann absprechen, der z. B. morgens die Kinder vor der Schule und der Tagesstätte oder ab dem Spätnachmittag betreut.

Hinweis zu Aufgabe 5

Die Schülerantworten fallen individuell aus. Sie sind dann richtig, wenn sie die Erklärungen von Arbeitsblatt „Beschäftigungsmodelle im Überblick" (s. S. 33) richtig widerspiegeln.

Lösungserwartung zu Aufgabe 6

Zeitarbeit ist ein Beschäftigungsmodell, bei dem der Arbeitnehmer einen Arbeitsvertrag mit einem Unternehmen hat, das ihn an andere Betriebe „ausleiht". Er arbeitet einen festgelegten Zeitraum in einem zugewiesenen Betrieb, dann wechselt er zum nächsten. Im Text wird das Homeoffice beschrieben, nicht die Zeitarbeit.

Lösung zu Aufgabe 7

Geld, das Arbeiter für ihre Arbeit erhalten:	→ Lohn
Entgelt für Auszubildende:	→ Ausbildungsvergütung
Geld, das Angestellte für ihre Arbeit erhalten:	→ Gehalt
Entgelt für eine Stunde:	→ Stundenlohn
Geldbetrag, den Menschen für ihre geleistete Arbeit erhalten:	→ Verdienst oder Vergütung
Zusätzliches Entgelt für gute Arbeit:	→ Prämie
Entgeltzahlung für erbrachte Leistungen:	→ Leistungslohn

Betriebliche Grundfunktionen: Beschaffung, Produktion, Absatz

Jedes Unternehmen, egal ob es Waren produziert oder Dienstleistungen anbietet, hat das Ziel, Gewinne zu erwirtschaften. Um das zu erreichen, muss jedes Unternehmen die **betrieblichen Grundfunktionen: Beschaffung, Produktion** und **Absatz** berücksichtigen.

Zunächst geht es um die betriebliche Grundfunktion **Beschaffung.** Dazu gehören **Kapital, Betriebsmittel*, Werkstoffe**** und **Arbeitskräfte.** Da die drei Faktoren Betriebsmittel, Werkstoffe und Arbeitskräfte für die Produktion, also die Herstellung einer Ware oder die Erbringung einer Dienstleistung benötigt werden, nennt man diese auch **betriebliche Produktionsfaktoren.**

** Betriebsmittel: Alles, was nicht Bestandteil des hergestellten Produkts ist, aber für die Herstellung gebraucht wird, z. B. Gebäude, Energie.*

*** Werkstoffe: Alles, was bei der Herstellung eines Produkts mit in das Produkt übergeht, z. B. Mehl für die Herstellung von Brot, Holz für die Produktion eines Tisches.*

Betriebliche Grundfunktionen

Beschaffung:	Produktion:	Absatz:
• Kapital • Betriebsmittel • Werkstoffe • Arbeitskräfte		

1 **Ordne die folgenden Begriffe dem richtigen Oberbegriff zu.**

Leder, Lagerhalle, Fahrer, Auszubildende, Klebstoff, Fabrik, Kredit, Verkäufer, Backmaschine, Werkzeuge, Kugelschreiber, Stanzmaschine, Schrauben, Geld, Stellenanzeige, Bankkonto, Buchhalterin, Ladenlokal, Marketingpersonal, Kunststoff

Beschaffung

Kapital	Betriebsmittel	Werkstoffe	Arbeitskräfte
•......................	•......................	•......................	•......................
....	....	....	....
•......................	•......................	•......................	•......................
....	....	....	....
•......................	•......................	•......................	•......................
....	....	....	....
•......................	•......................	•......................	•......................
....	....	....	....
•......................	•......................	•......................	•......................

Betriebliche Produktionsfaktoren (Betriebsmittel, Werkstoffe, Arbeitskräfte)

Betriebliche Grundfunktionen: Beschaffung, Produktion, Absatz

Betriebliche Grundfunktionen

Beschaffung:
- Kapital
- Betriebsmittel
- Werkstoffe
- Arbeitskräfte

Produktion:
- Produkt
- Menge
- Fertigungsarten
- Produktionsprozess

Absatz:

2 Schreibe die folgenden Begriffe richtig in die Lücken. Schreibe mit Bleistift, damit du berichtigen kannst. Vergleiche anschließend dein Ergebnis mit dem Lösungsblatt und korrigiere, wenn nötig.

Produktionsprozess, Entscheidungen, Fertigungsarten, Mengen, Dienstleistungen, Einzelanfertigung, Produktion, Fließbändern, Massenfertigung, Waren, Produktionsschritte, Arbeitsabläufe, Serienfertigung

Die Produktion

Die zweite betriebliche Grundfunktion ist die .... Bevor etwas produziert wird, müssen zuvor einige .... getroffen werden. Es muss festgelegt werden, welche .... hergestellt bzw. welche .... erbracht werden sollen. Weiterhin muss geplant werden, in welchen .... und wie etwas produziert werden soll. Wenn in einer kleinen Konditorei Torten hergestellt werden, müssen andere .... durchlaufen und .... geplant werden, als bei der Massenproduktion in einer Tortenfabrik, die an .... automatisiert vonstattengeht. Der .... in einer Konditorei ist also ein anderer als der in einer Tortenfabrik. Außerdem lassen sich bei der Produktion drei .... unterscheiden. Bei der .... wird nur ein Produkt der gleichen Fertigungsart hergestellt, z. B. beim Brücken- oder Schiffsbau oder bei der Maßanfertigung einer Küche. Bei der .... werden über einen bestimmten Zeitraum größere, aber begrenzte Stückzahlen eines gleichen oder ähnlichen Produkts hergestellt, z. B. bei der Produktion von Autos, Möbeln und Bekleidung. Bei der .... wird ein Produkt in großen Mengen über einen langen Zeitraum ohne Veränderung produziert, z. B. bei der Herstellung von Zucker, Gummibärchen und Limonade. Vereinfacht könnte man sagen: Bei der Produktion muss festgelegt werden was, wie, mit welchen Mitteln und in welchen Mengen hergestellt wird.

Betriebliche Grundfunktionen: Beschaffung, Produktion, Absatz

Betriebliche Grundfunktionen

Beschaffung:
- Kapital
- Betriebsmittel
- Werkstoffe
- Arbeitskräfte

Produktion:
- Produkt
- Menge
- Fertigungsarten
- Produktionsprozess

Absatz:
- Marktanalyse
- Marketingmaßnahmen

3 Lies den Infotext aufmerksam durch. Unterstreiche wichtige Informationen.

Waren und Dienstleistungen sollen gewinnbringend und vollständig verkauft werden. Daher ist es wichtig, dass ein Unternehmen bereits vor der Herstellung eines Produkts erforscht, ob sich das geplante Produkt überhaupt verkaufen lässt. Dazu wird eine Marktanalyse durchgeführt. Dabei werden Informationen über die gewünschte Zielgruppe gesammelt – also wer das Produkt kaufen soll, z. B. Kinder, Jugendliche, alte Menschen, Männer, Frauen, Wohlhabende oder Menschen mit mittlerem oder geringem Einkommen. Zusätzlich werden Informationen über die Konkurrenz gesammelt.

Danach werden die weiteren Marketingmaßnahmen abgestimmt. Man unterscheidet vier Bereiche des Marketings:

Produktionspolitik: Wie soll das Produkt aussehen, welche Qualität soll es haben, was soll es alles können?

Preispolitik: Welchen Preis soll das Produkt haben, soll es Rabatte oder Sonderpreise geben?

Kommunikationspolitik: Wie erfahren die Kunden von dem Produkt, z. B. durch Fernseh-, Radio-, Zeitungswerbung, Probieraktionen oder im Internet?

Vertriebspolitik: Wie kommt das Produkt zum Kunden? Wird es im eigenen Geschäft, über Handelspartner oder im Internet verkauft?

4 Ordne die Fallbeispiele dem jeweils richtigen Begriff zu.

Mädchen und Frauen zwischen 16 und 28 Jahren sollen dieses Parfum kaufen.	**Vertriebspolitik**
Kauft man drei T-Shirts derselben Marke, erhält man das preiswerteste umsonst.	**Preispolitik**
Das neue Handy der Firma SIAM enthält nun auch eine 16-Megapixel-Kamera.	**Zielgruppe**
Die Kosmetik der Firma Passion wird nur bei Verkaufsshows bei Leuten zu Hause verkauft.	**Marktanalyse**
Das neue Fahrzeug wird beim Händler bei einem „Tag der offenen Tür" vorgestellt.	**Produktpolitik**
Die Firma E-Bike möchte ein Elektro-Fahrrad für junge Erwachsene zwischen 20 und 30 Jahren auf den Markt bringen. Sie macht erst einmal eine Umfrage bei ihrer Zielgruppe, ob ein Interesse an so einem Elektro-Fahrrad besteht.	**Kommunikationspolitik**

Wir gründen eine Schülerfirma: Die betrieblichen Grundfunktionen sind auch hier wichtig!

Stellt euch vor, ihr gründet zusammen mit dem Techniklehrer eine Schülerfirma an eurer Schule. Ihr wollt Mühlespiele aus Holz herstellen. Die Grundidee ist also da, aber es sind noch wichtige Fragen zu klären, Entscheidungen müssen getroffen werden und es gibt noch einiges zu organisieren.

1 Findet euch in einer Zweier- oder Dreiergruppe zusammen. Schreibt genau auf, welche betrieblichen Grundfunktionen die Schüler in ihrer Schülerfirma beachten müssen. Was muss angeschafft werden, was ist vorhanden, was ist noch unklar, was muss geplant und entschieden werden, wo wird verkauft, was wird wo produziert? Macht konkrete Vorschläge zu den einzelnen Punkten.

Beschaffung

Betriebsmittel: ……………………………………

……………………………………

……………………………………

Werkstoffe: ……………………………………

……………………………………

Arbeitskräfte: ……………………………………

Kapital: ……………………………………

Produktion

……………………………………

……………………………………

……………………………………

Absatz

Produktpolitik: ……………………………………

……………………………………

……………………………………

Preispolitik: ……………………………………

……………………………………

Kommunikationspolitik: ……………………………………

……………………………………

Vertriebspolitik: ……………………………………

……………………………………

2 Tragt eure Ergebnisse im Plenum zusammen, diskutiert und ergänzt eure Aufstellungen.

Aufbauorganisation in einem Betrieb: Wer macht was und wer hat was zu sagen?

Damit die Produktion in einem Unternehmen möglichst reibungslos funktioniert, muss festgelegt werden, wer für welche Aufgaben zuständig ist, mit welchen Mitteln Aufgaben erledigt werden, wer wem Anweisungen geben kann und wer wofür verantwortlich ist. All das wird in der Aufbauorganisation eines Unternehmens festgelegt. Die Aufbauorganisation regelt die Aufgabenbereiche, die Aufgabenverteilung und die Zusammenarbeit der Menschen im Betrieb. Viele Betriebe sind in Abteilungen gegliedert.

Oftmals sind Unternehmen hierarchisch aufgebaut. Die Person oben legt fest, was die Person unter ihr macht. In der Geschäftsleitung laufen alle Fäden zusammen. Die hierarchische Aufbauorganisation ist für alle Mitarbeiter sehr übersichtlich, denn jeder weiß, was sein Zuständigkeitsbereich ist. Die Nachteile liegen aber darin, dass Entscheidungen in einzelnen Abteilungen erst nach langer Zeit getroffen werden, weil sie die verschiedenen Leitungsstellen bis zur Geschäftsleitung durchlaufen müssen. Außerdem tragen die Mitarbeiter auf der unteren Hierarchieebene nur wenig Eigenverantwortung. Das führt bei vielen Menschen zu einer geringen Motivation und damit zu geringerer Leistungsbereitschaft.

Hierarchische Aufbauorganisation am Beispiel eines großen Autohauses

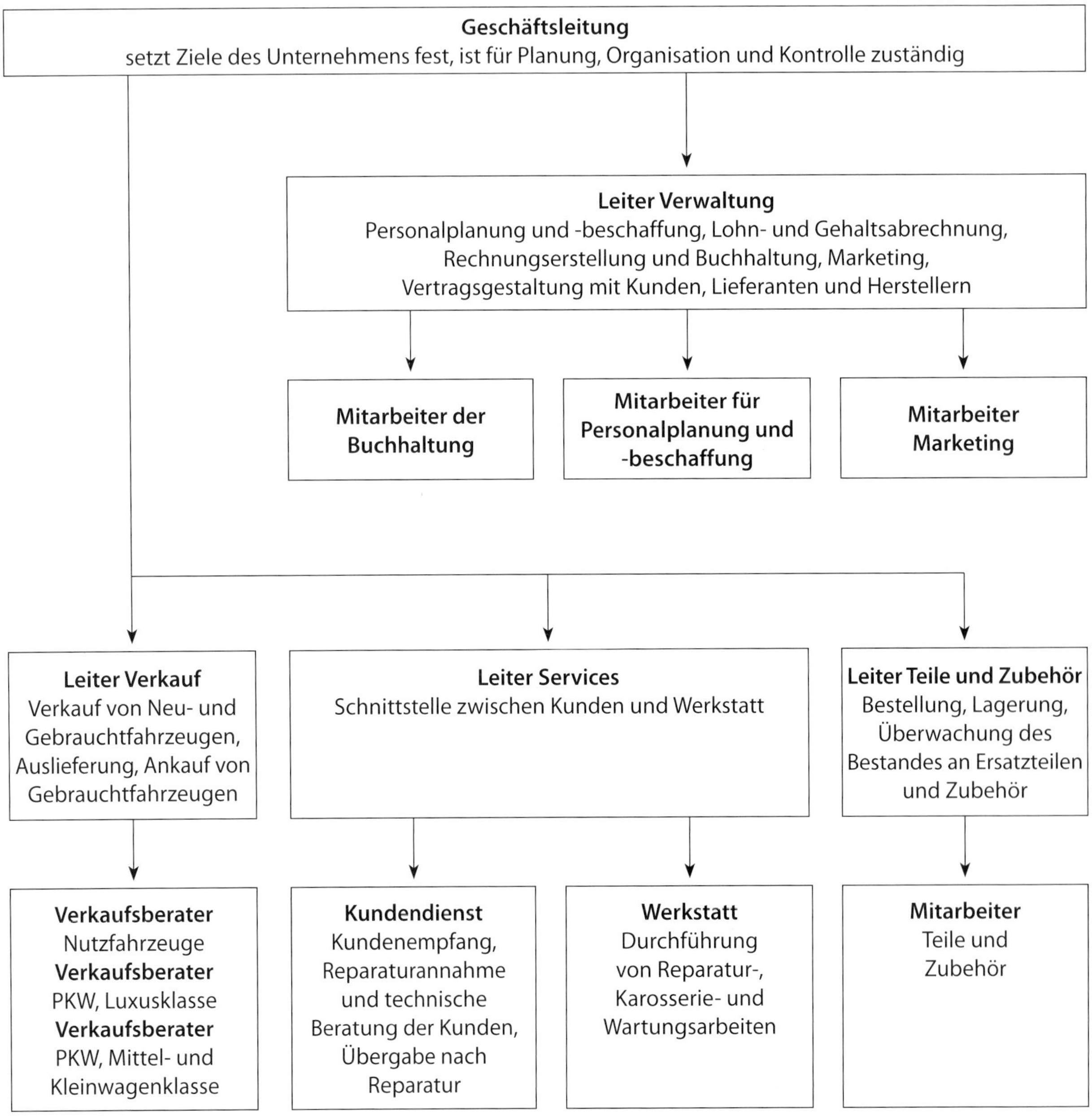

Aufbauorganisation in einem Betrieb: Wer macht was und wer hat was zu sagen?

In modernen Unternehmen sind einzelne Abteilungen besser miteinander verbunden. Mitarbeiter einer Abteilung haben somit Kenntnisse über Inhalte und Abläufe anderer Abteilungen – sie „schauen also über den Tellerrand". Sie machen die Erfahrung, dass Tätigkeiten einer Abteilung wichtigen Einfluss auf andere Abteilungen haben. Informiert z. B. die Werkstatt die Zubehör- und Teileabteilung nicht rechtzeitig darüber, dass sie Ersatzteile für bestimmte Fahrzeuge dringend benötigt, können diese nicht termingerecht bestellt werden. Gleichzeitig ist es für eine termingerechte Lieferung der Teile wichtig, dass die Zubehör- und Teilabteilung die Werkstatt über Lieferfristen informiert. Das gute Zusammenspiel aller Abteilungen ist für eine gewinnbringende Produktion außerordentlich wichtig. In Teams arbeiten Mitarbeiter aus verschiedenen Abteilungen zusammen, wodurch die Kenntnisse all dieser Mitarbeiter genutzt werden. Sie sind an Entscheidungen beteiligt, tragen somit aber auch mehr Verantwortung. Wichtige Entscheidungen oder Veränderungen können oft sehr viel schneller getroffen bzw. durchgeführt werden und die Mitarbeiter sind vielfach motivierter und leistungsstärker. Allerdings fühlen sich manche Mitarbeiter dadurch aber auch überlastet und mitunter kommt es zu Kompetenzunstimmigkeiten, wer denn nun was genau entscheiden darf.

Teamorientierte Aufbauorganisation in einem Autohaus

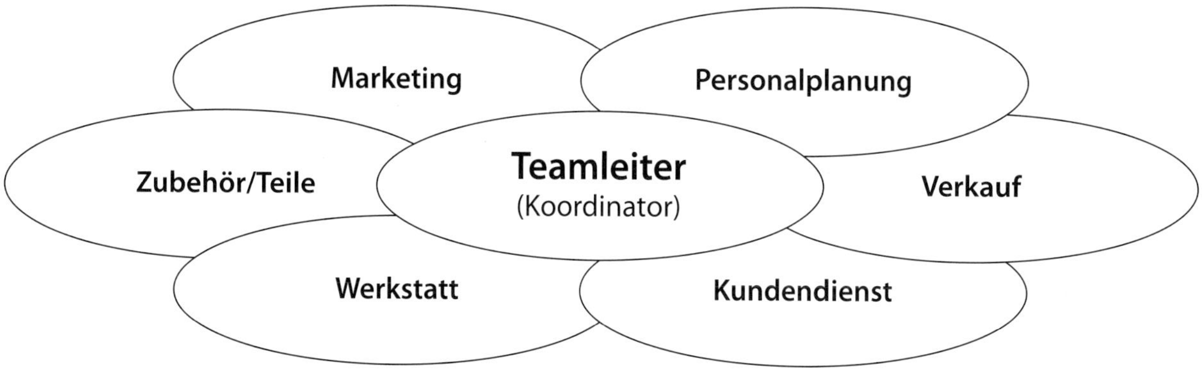

Bearbeite Aufgabe 1 bis 7 alleine. Aufgabe 8 löst ihr in der Gruppe.

1 Nenne die Aufgaben einer Aufbauorganisation in einem Unternehmen.

2 Erkläre die hierarchische Aufbauorganisation des Autohauses mithilfe des Schaubildes. Wer hat wem was zu sagen, wer muss wessen Anweisungen befolgen?

3 Nenne die Vor- und Nachteile einer hierarchischen Aufbauorganisation.

4 Worin unterscheidet sich die hierarchische von der teamorientierten Aufbauorganisation?

5 Nenne die Vor- und Nachteile einer teamorientierten Aufbauorganisation.

6 Zeichne eine Skizze einer hierarchischen Aufbauorganisation.

7 Zeichne eine Skizze einer teamorientierten Aufbauorganisation.

8 **Erstellt eine Aufbauorganisation für eure Schülerfirma. Nutzt alle Informationen zum Thema, die ihr bereits habt.**

a) Überlegt zuerst, welche Abteilungen die Schülerfirma braucht, und schreibt diese auf.

b) Entscheidet dann, ob ihr für die Schülerfirma eine hierarchische oder eine teamorientierte Ablauforganisation wählt.

c) Zeichnet die entsprechende Ablauforganisation für die Schülerfirma auf.

d) Begründet eure Entscheidung, warum ihr euch für eine hierarchische oder eine teamorientierte Ablauforganisation entschieden habt.

Ablauforganisation in einem Betrieb: Was wird wann wo gemacht?

Die Aufbauorganisation regelt die Aufgabenbereiche, die Aufgabenverteilung und die Zusammenarbeit der Menschen in einem Betrieb. Der zweite Organisationsbereich ist die **Ablauforganisation.** Diese regelt die zeitlichen und örtlichen Arbeitsabläufe, also welche Aufgabe wann, in welcher Reihenfolge und wo gemacht wird.

1 Stelle Vermutungen an, warum eine gute Ablauforganisation wichtig für einen Betrieb ist.

2 Erstelle eine sinnvolle Ablauforganisation für die Schülerfirma. Diese hat den Auftrag bekommen, 10 Mühlespiele herzustellen.

a) Nimm ein leeres DIN-A4-Blatt und schreibe die Überschrift dieser Seite auf.

b) Schneide alle Felder aus. Lege sie anschließend so zusammen, dass die Arbeitsschritte sinnvoll aufeinanderfolgen.

c) Überprüfe dein Ergebnis mit dem Lösungsblatt. Berichtige, wenn nötig.

d) Klebe deine Felder ordentlich auf dein DIN-A4-Blatt auf.

Zuschneiden der Rundhölzer für die Spielsteine

Lackieren der Spielsteine

Zuschneiden des Holzes für die Spielbrettplatte

Aufkleben des Spielfeldes auf die Spielbrettplatte

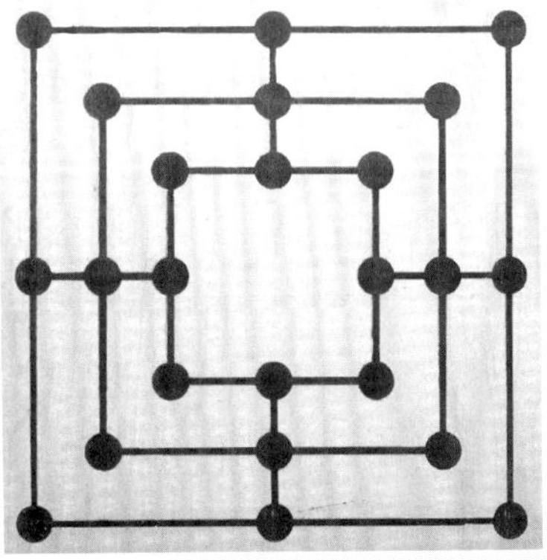

Auslieferung der fertigen Spiele

Fertiges Mühlespiel

Verpacken der fertigen Spiele

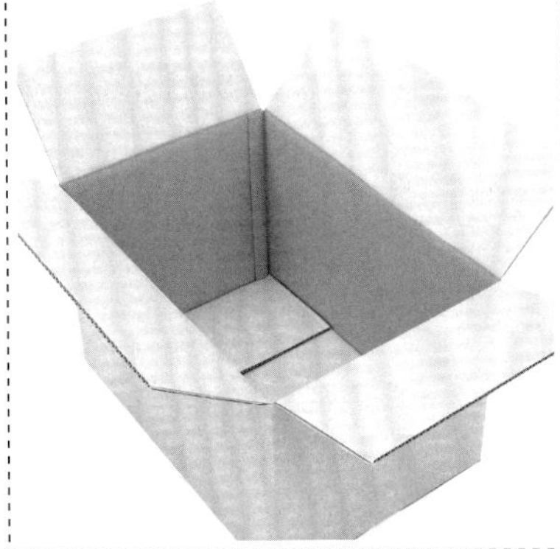

Abschleifen der Spielbrettkanten und der Spielsteine

Bestellung der Werkstoffe für die Produktion

Name:	Klasse:	Datum:

Überprüfe dein Wissen!
Betriebliche Grundfunktionen: Beschaffung, Produktion, Absatz

1 Ordne die Begriffe den entsprechenden betrieblichen Grundfunktionen zu.

Marktanalyse, Menge, Produktionsprozess, Werkstoffe, Produkt, Betriebsmittel, Kapital, Marketingmaßnahmen, Fertigungsarten, Arbeitskräfte

Betriebliche Grundfunktionen

Beschaffung:	Produktion:	Absatz:
•	•	• ....
....	....	....
•	•	• ....
....	....	....
•	•	
....	....	
•	•	
....	....	

2 Herr und Frau Hauser sind Konditoren. Sie möchten ein Café eröffnen. Schreibe zu jeder betrieblichen Grundfunktion Dinge auf, die sie erledigen, besorgen oder entscheiden müssen.

Beschaffung – Nenne drei Dinge/Aktivitäten.

a) ....

b) ....

c) ....

Produktion – Nenne drei Dinge/Aktivitäten.

a) ....

b) ....

c) ....

Absatz – Nenne zwei Dinge/Aktivitäten.

a) ....

b) ....

Name:	Klasse:	Datum:

Überprüfe dein Wissen! Aufbau- und Ablauforganisation in einem Betrieb

1 Ergänze die Lücken im Text.

verantwortlich / Kenntnisse / Aufbauorganisation / oben / teamorientierten / -Leiter / entscheidet / hierarchischen / Geschäftsleitung / unten

Die .... eines Unternehmens legt fest, welcher Mitarbeiter für welche Aufgaben zuständig ist und mit welchen Mitteln er seine Aufgaben zu erledigen hat. Darin ist auch festgelegt, wer für was .... ist. In einer .... Aufbauorganisation laufen alle Fäden bei der Geschäftsleitung zusammen. Die Person oben ...., was die Person unter ihr macht. Entscheidungen trifft der Abteilungs-................................ bzw. die .... In einer .... Aufbauorganisation sind die unterschiedlichen Abteilungen miteinander verzahnt. Es wird nicht wie bei der hierarchischen Aufbauorganisation alles von .... nach .... oder umgekehrt weitergeleitet. Die .... der Mitarbeiter aus unterschiedlichen Abteilungen werden verbunden und ausgetauscht.

2 Nenne je zwei Vor- und zwei Nachteile der beiden Aufbauorganisationsmodelle.

	Vorteile	Nachteile
Hierarchische Aufbauorganisation	....	....
Teamorientierte Aufbauorganisation	....	....

3 Erklärе in eigenen Worten, was man unter Ablauforganisation versteht.

....

....

....

....

....

Hinweise und Lösungen

Seite 44–46 — Betriebliche Grundfunktionen – Beschaffung, Produktion, Absatz

Lösung zu Aufgabe 1

Beschaffung

Kapital	**Betriebsmittel**	**Werkstoffe**	**Arbeitskräfte**
Kredit	Lagerhalle	Leder	Fahrer
Geld	Fabrik	Klebstoff	Auszubildende
Bankkonto	Backmaschine	Schrauben	Verkäufer
	Werkzeuge	Kunststoff	Stellenanzeige
	Kugelschreiber		Buchhalterin
	Stanzmaschine		Marketingpersonal
	Ladenlokal		

(Betriebsmittel, Werkstoffe, Arbeitskräfte:) **Betriebliche Produktionsfaktoren**

Hinweis und Lösung zu Aufgabe 2
Da die Aufgabe anspruchsvoll ist, ist es sinnvoll, die Lösung einige Male zu kopieren und als Lösungsblatt zur Ergebnissichtung auszulegen.

✂- -

Die Produktion

Die zweite betriebliche Grundfunktion ist die **Produktion.** Bevor etwas produziert wird, müssen zuvor einige **Entscheidungen** getroffen werden. Es muss festgelegt werden, welche **Waren** hergestellt bzw. welche **Dienstleistungen** erbracht werden sollen. Weiterhin muss geplant werden, in welchen **Mengen** und wie etwas produziert werden soll. Wenn in einer kleinen Konditorei Torten hergestellt werden, müssen andere **Produktionsschritte** durchlaufen und **Arbeitsabläufe** geplant werden, als bei der Massenproduktion in einer Tortenfabrik, die an **Fließbändern** automatisiert vonstattengeht. Der **Produktionsprozess** in einer Konditorei ist also ein anderer als der in einer Tortenfabrik.

Außerdem lassen sich bei der Produktion drei **Fertigungsarten** unterscheiden. Bei der **Einzelanfertigung** wird nur ein Produkt der gleichen Fertigungsart hergestellt, z. B. beim Brücken- oder Schiffsbau oder bei der Maßanfertigung einer Küche. Bei der **Serienfertigung** werden über einen bestimmten Zeitraum größere, aber begrenzte Stückzahlen eines gleichen oder ähnlichen Produkts hergestellt, z. B. bei der Produktion von Autos, Möbeln und Bekleidung. Bei der **Massenfertigung** wird ein Produkt in großen Mengen über einen langen Zeitraum ohne Veränderung produziert, z. B. bei der Herstellung von Zucker, Gummibärchen und Limonade.

Vereinfacht könnte man sagen: Bei der Produktion muss festgelegt werden was, wie, mit welchen Mitteln und in welchen Mengen hergestellt wird.

✂- -

Lösung zu Aufgabe 4

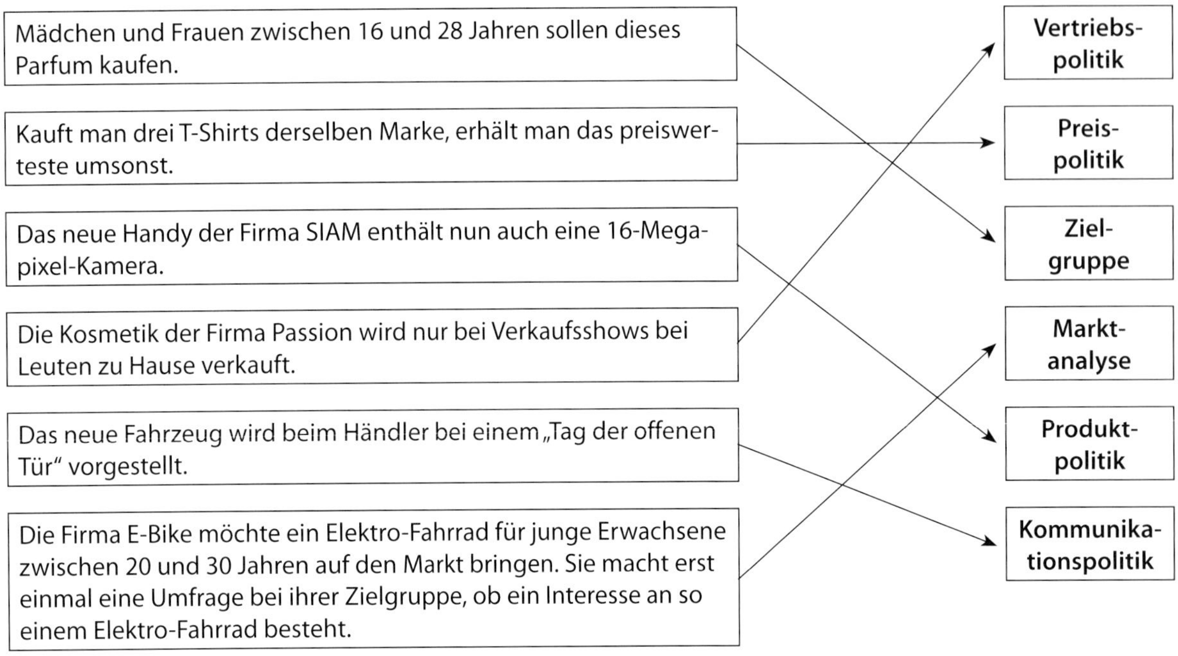

Seite 47 — Wir gründen eine Schülerfirma: Die betrieblichen Grundfunktionen sind auch hier wichtig!

Hinweis
Die Aufgaben auf den nachfolgenden Arbeitsblättern nehmen immer wieder Bezug auf das Beispiel der Schülerfirma auf dieser Seite.

Lösungserwartung zu Aufgabe 1
Gegebenenfalls müssen Sie einigen Gruppen mit Tipps bzw. konkreteren Hinweisen zu einzelnen Grundfunktionen behilflich sein. Oder Sie bearbeiten den Punkt Betriebsmittel mit allen Schülern zusammen, sodass diese genau wissen, wie konkret sie bei der Aufstellung sein sollen.

Beschaffung:	
Betriebsmittel:	Werkzeuge, Säge, Bohrer – sind im Technikraum vorhanden
Werkstoffe:	Holz, Leim, Farbe – Material muss gekauft werden
Arbeitskräfte:	Einteilung der Schüler: Produktion, Verkauf, Marketing, muss noch organisiert werden
Kapital:	Geld für Holz etc. – Rektor oder Förderverein fragen
Produktion:	Spielbretter, Spielsteine, Herstellung im Technikraum, Produktionsmenge festlegen
Absatz:	
Produktpolitik:	Wie sollen die Mühlespiele genau aussehen? Vorlagen müssen beschafft werden.
Preispolitik:	Preise müssen festgelegt werden, Herstellkosten müssen beachtet werden, Preis darf aber auch nicht so teuer sein, dass keiner mehr etwas kauft
Kommunikationspolitik:	Flyer, Annonce in der Zeitung, Aushänge in der Schule, in Vereinen
Vertriebspolitik:	Verkauf auf Märkten (Weihnachtsmarkt, Ostermarkt), beim Schulfest, während des Elternsprechtags, Verkaufsstand dekorieren, Preisschilder erstellen, Produkte verkaufen

Seite 48–49 — Aufbauorganisation in einem Betrieb: Wer macht was und wer hat was zu sagen?

Lösungserwartung zu Aufgabe 1
Die Aufbauorganisation stellt den reibungslosen Ablauf in einem Unternehmen sicher. Jeder Mitarbeiter weiß, was er zu tun hat, mit welchen Mitteln er seine Aufgaben zu erledigen hat, wer wem etwas zu sagen hat, also wer Vorgesetzter von wem ist und wer für was Verantwortung trägt.

Lösungserwartung zu Aufgabe 2
Die Geschäftsleitung (Geschäftsführer) ist allen gegenüber weisungsbefugt, den Abteilungsleitern wie den sonstigen Mitarbeitern. Jede Abteilung hat einen Leiter, der wiederum unterschiedliche Bereiche bzw. Mitarbeiter unter sich hat. Der Leiter einer Abteilung ist seinen Mitarbeitern gegenüber weisungsbefugt. So müssen die Mitarbeiter in den Bereichen Buchhaltung, Personalplanung und -beschaffung sowie Marketing den Anweisungen des Leiters der Verwaltung Folge leisten, die Verkaufsberater dem Leiter Verkauf, die Mitarbeiter des Kundendienstes und der Werkstatt dem Leiter Services und die Mitarbeiter für Teile und Zubehör dem Leiter Teile und Zubehör.

Lösungserwartung zu Aufgabe 3

Vorteile: gut überschaubar für alle Mitarbeiter, jeder weiß, welches Aufgabengebiet er hat, wofür er zuständig und verantwortlich ist

Nachteile: Es kann sehr lange dauern, bis Entscheidungen getroffen werden, weil sie verschiedene Leitungsstellen bis zur Geschäftsleitung durchlaufen müssen. Mitarbeiter sind oft nicht motiviert, weil sie nur wenig Verantwortung tragen.

Lösungserwartung zu Aufgabe 4

Bei der hierarchischen Aufbauorganisation werden Entscheidungen in einer Weisungskette weitergegeben. Die Mitarbeiter sind in der Regel nicht an Entscheidungen beteiligt und führen das aus, was ihnen ein Vorgesetzter sagt.
Bei der teamorientierten Aufbauorganisation werden Entscheidungen gleichwertig im Team abgestimmt und die Abteilungen arbeiten enger zusammen. Die Mitarbeiter wissen eher, was die Kollegen in anderen Abteilungen machen und welche Auswirkungen das auf ihre eigene Abteilung hat.

Lösung zu Aufgabe 5

Vorteile: Kenntnisse von Mitarbeitern aus verschiedenen Abteilungen werden genutzt, Arbeiten besser aufeinander abgestimmt, Mitarbeiter sind oft motivierter, weil sie an Entscheidungen beteiligt sind und mehr Verantwortung haben.

Nachteile: Manche Mitarbeiter fühlen sich überfordert; Kompetenzen, also wer was genau entscheiden darf, sind nicht immer eindeutig geregelt.

Lösung zu Aufgabe 6

Die Ergebnisse fallen individuell aus. Mögliche Skizze:

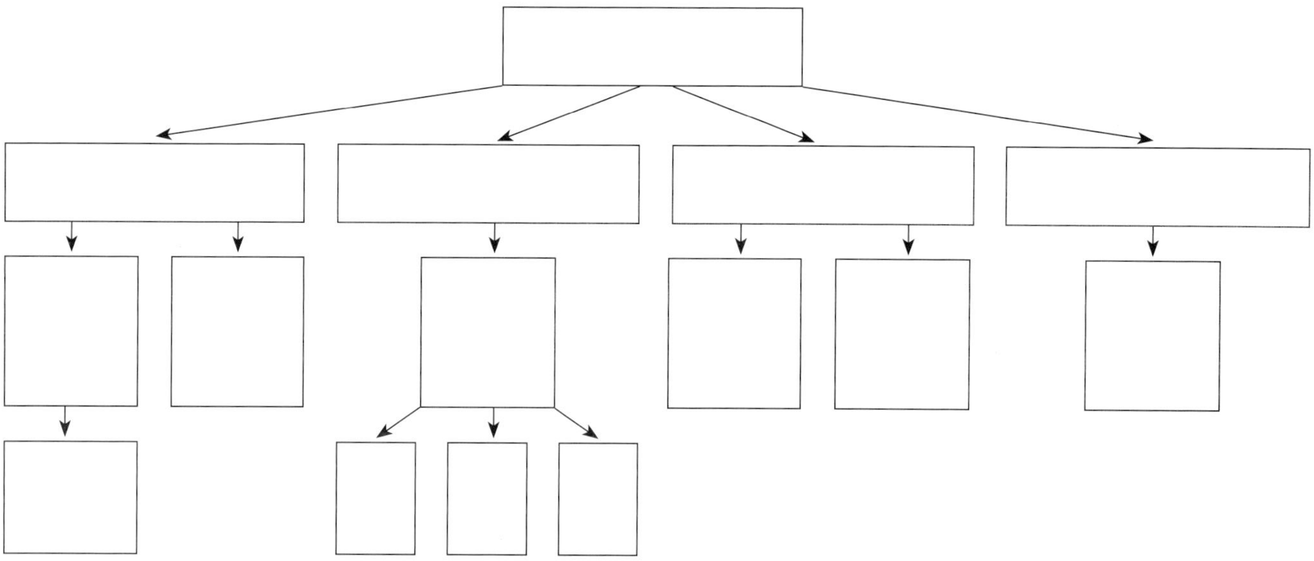

Lösung zu Aufgabe 7

Die Ergebnisse fallen individuell aus. Mögliche Skizze:

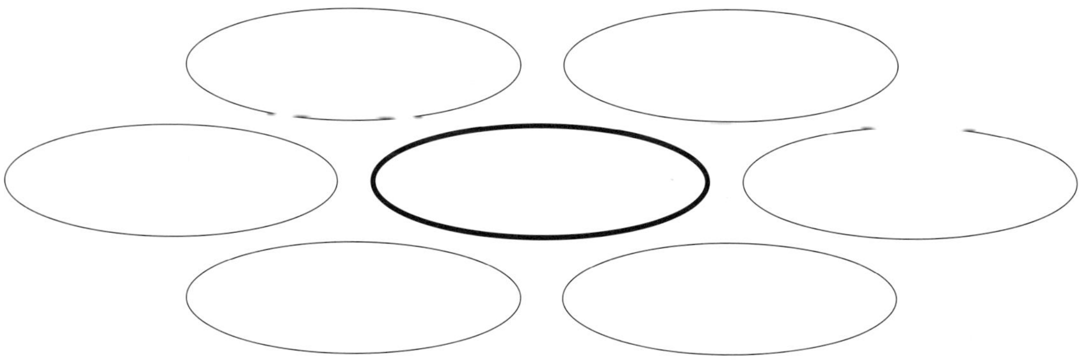

Hinweis zu Aufgabe 8

Die Schülererarbeitungen fallen individuell aus.

Seite 50 **Ablauforganisation in einem Betrieb: Was wird wann wo gemacht?**

Lösungserwartung zu Aufgabe 1

Die Produktion muss gut geplant werden, damit alle wissen, wann was zu tun ist. So kann sich eine Routine entwickeln. Eine gute Ablauforganisation verhindert Produktionsleerläufe oder Verzögerungen, die sehr viel Geld kosten.

Lösung zu Aufgabe 2

Bestellung der Werkstoffe für die Produktion

Zuschneiden des Holzes für die Spielbrettplatte

Zuschneiden der Rundhölzer für die Spielsteine

Abschleifen der Spielbrettkanten und der Spielsteine

Aufkleben des Spielfeldes auf die Spielbrettplatte

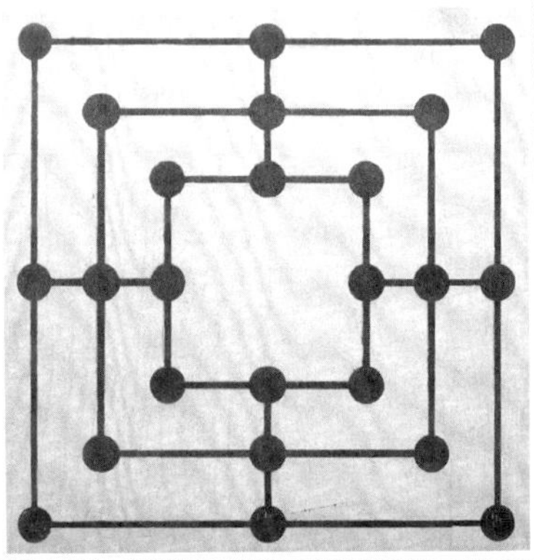

Lackieren der Spielsteine

Fertiges Mühlespiel

Verpacken der fertigen Spiele

Auslieferung der fertigen Spiele

Seite 51 — Überprüfe dein Wissen! Betriebliche Grundfunktionen: Beschaffung, Produktion, Absatz

Lösung zu Aufgabe 1

Betriebliche Grundfunktionen

Beschaffung:
- Kapital
- Betriebsmittel
- Werkstoffe
- Arbeitskräfte

Produktion:
- Produkt
- Menge
- Fertigungsarten
- Produktionsprozess

Absatz:
- Marktanalyse
- Marketingmaßnahmen

Lösungserwartung zu Aufgabe 2

Beschaffung: Geld/Kapital, Arbeitskräfte, Ofen, Gebäude, Material, Zucker, Mehl, Schokolade, Werkstoffe/Rohstoffe
Produktion: Teig anrühren, Kuchen formen, backen, dekorieren
Absatz: Werbung machen (Flyer, Radio, Zeitung), Ladentheke herrichten, Kuchen verkaufen, Preisschilder aushängen

Seite 52 — Überprüfe dein Wissen! Aufbau- und Alauforganisation in einem Betrieb

Lösung zu Aufgabe 1

Die **Aufbauorganisation** eines Unternehmens legt fest, welcher Mitarbeiter für welche Aufgaben zuständig ist und mit welchen Mitteln er seine Aufgaben zu erledigen hat. Darin ist auch festgelegt, wer für was **verantwortlich** ist.
In einer **hierarchischen** Aufbauorganisation laufen alle Fäden bei der Geschäftsleitung zusammen. Die Person oben **entscheidet**, was die Person unter ihr macht. Entscheidungen trifft der Abteilungs-**Leiter** bzw. die **Geschäftsleitung**.
In einer **teamorientierten** Aufbauorganisation sind die unterschiedlichen Abteilungen miteinander verzahnt. Es wird nicht wie bei der hierarchischen Aufbauorganisation alles von **oben** nach **unten** oder umgekehrt weitergeleitet. Die **Kenntnisse** der Mitarbeiter aus unterschiedlichen Abteilungen werden verbunden und ausgetauscht.

Lösung zu Aufgabe 2

	Vorteile	Nachteile
Hierarchische Aufbauorganisation	gut überschaubar für alle Mitarbeiter, jeder weiß, welches Aufgabengebiet er hat, wofür er zuständig und verantwortlich ist	Es kann lange dauern, bis Entscheidungen getroffen werden, weil sie verschiedene Leitungsstellen bis zur Geschäftsleitung durchlaufen müssen. Mitarbeiter sind oft nicht motiviert, weil sie nur wenig Verantwortung tragen.
Teamorientierte Aufbauorganisation	Kenntnisse von Mitarbeitern aus verschiedenen Abteilungen werden genutzt, Arbeiten besser aufeinander abgestimmt, Mitarbeiter sind oft motivierter, weil sie an Entscheidungen beteiligt sind und mehr Verantwortung haben.	Manche Mitarbeiter fühlen sich überfordert; Kompetenzen, also wer was genau entscheiden darf, sind nicht immer eindeutig geregelt.

Hinweis und Lösungserwartung zu Aufgabe 3

Es sind individuelle Lösungen zu erwarten.
Die Ablauforganisation regelt in einem Betrieb, welche Arbeiten in welcher Reihenfolge – nacheinander oder nebeneinander – wo erledigt werden. Das sichert einen reibungslosen Ablauf der Produktion. Außerdem kommt es so nicht zu Verzögerungen oder Leerlaufzeiten.

Globalisierung: Was bedeutet das?

Globalisierung bedeutet, dass die Länder dieser Erde immer näher zusammenwachsen. Ständig werden weltweit mehr Waren, Ideen, Musik, Nahrung, Mode, Marken usw. ausgetauscht.

1 Bearbeite diese Aufgabe alleine.

a) Beschreibe, was du auf dem Bild siehst, ohne es zu erklären.

b) Auf dem Bild sind verschiedene Symbole und Linien zu sehen. Erkläre mithilfe von Beispielen, was das Bild aussagen soll.

2 Überlege, was dir zum Thema Globalisierung einfällt. Schreibe die Wörter und Wortgruppen, die dir dazu in den Sinn kommen, in die Mindmap.

3 Suche dir einen oder mehrere Arbeitspartner. Vergleicht eure Ergebnisse zu Aufgabe 2 und ergänzt diese gegebenenfalls.

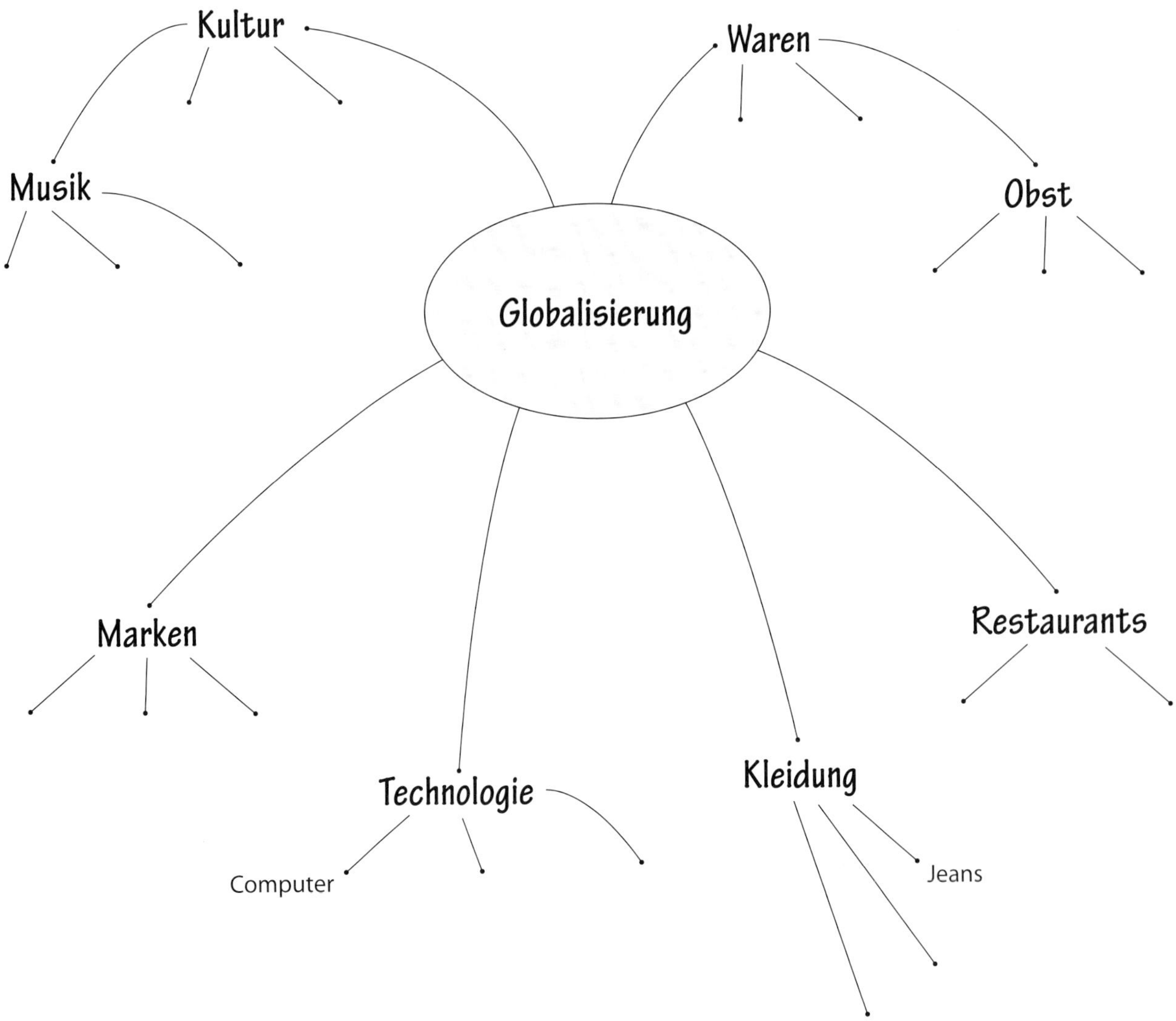

Globalisierung: Was bedeutet das?

4 Für diese Aufgabe benötigt ihr einen Atlas.

Überlegt gemeinsam, wo die Dinge, die euch gerade umgeben, herkommen, z. B. euer T-Shirt, eure Hose, das Handy, die Limonade, der Apfel … und markiert die Orte auf der Karte.

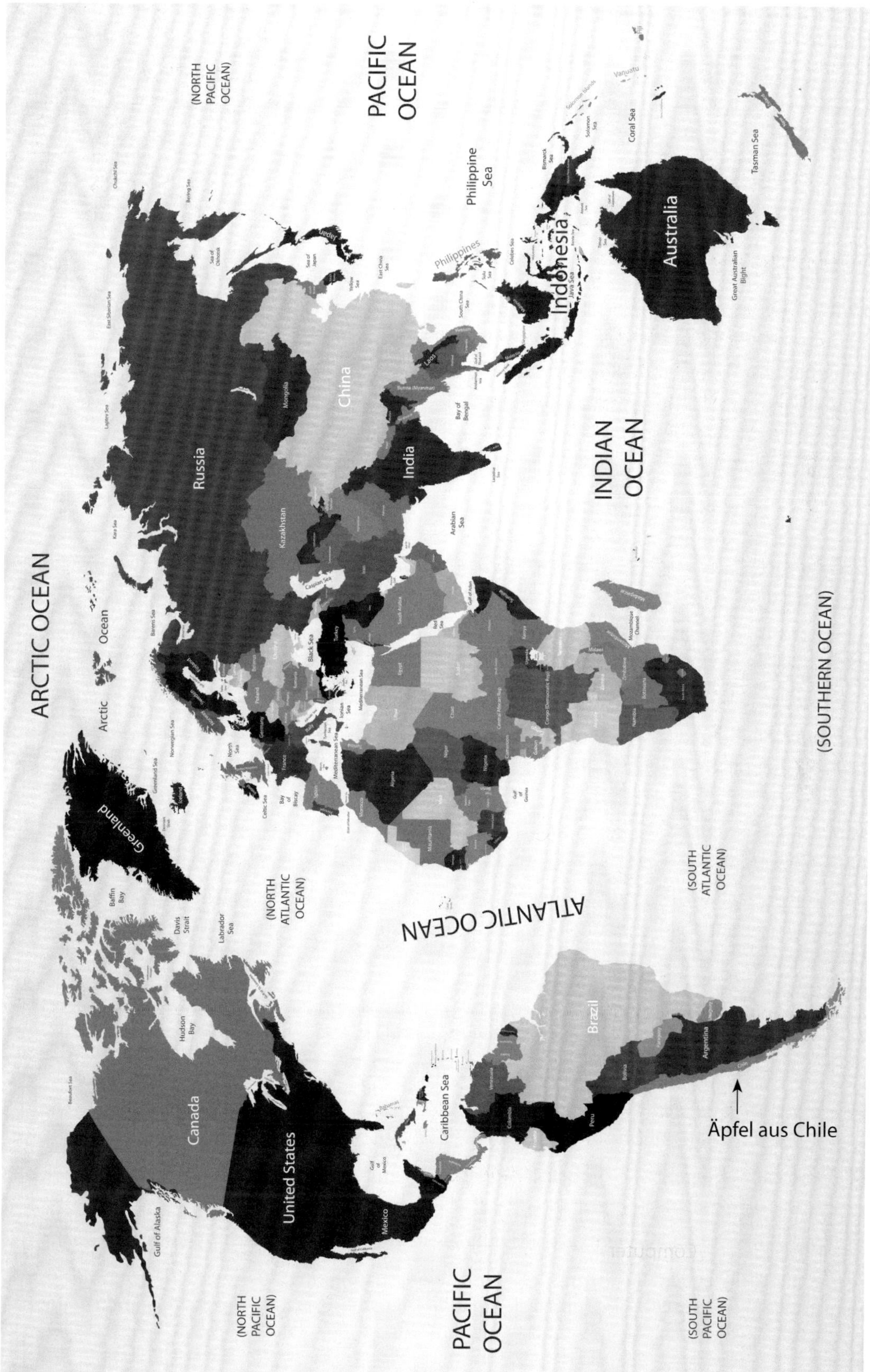

5 Vergleicht und besprecht eure Ergebnisse zu den Aufgaben 3 und 4 und ergänzt diese gegebenenfalls.

Globalisierung: Woher kommt das eigentlich?

Globalisierung ist keine neue Erscheinung. So blühte der Oliven-, Wein- und Getreidehandel schon im Römischen Reich. Durch die Entdeckung neuer Seewege und neuer Länder im späten Mittelalter entstanden neue Handelswege. Seitdem wird vermehrt mit Gewürzen aus dem Orient, mit Kakao aus Mittelamerika, mit Kaffee aus Afrika oder mit Reis aus Asien gehandelt. Beziehungen mit und Abhängigkeiten von Ländern sowie internationalen Handel gibt es schon seit jeher. Aber nie waren wirtschaftliche Beziehungen und der Austausch in den Bereichen Kultur, Politik und Umwelt so weit verzweigt und so zahlreich wie heute. Was sind die Ursachen dafür? Erst einmal müssen der Wunsch und der Bedarf nach Produkten aus anderen Ländern vorhanden sein. Wer möchte heute noch auf Bananen, Kakao, Kaffee oder Reis verzichten, oder auf Erdbeeren im Winter? All das sind Produkte, die in Deutschland gar nicht oder nur zu bestimmten Zeiten wachsen. Diese Waren haben zum Teil eine sehr lange Reise hinter sich, bevor wir sie essen.

Heute ist der Transport einfach und relativ preiswert. In Containern, die gut stapelbar sind, werden Waren auf riesigen Schiffen über die Weltmeere transportiert. Aber auch Flugzeuge und Eisenbahnen befördern schnell Waren von einem Ende der Welt zum anderen. Nicht zuletzt ist das Straßenverkehrsnetz sehr gut ausgebaut, sodass selbst per LKW Produkte über weite Strecken transportiert werden können. Der Transport ist heute so preiswert, dass es sich sogar lohnt, Billigwaren vom anderen Ende der Welt nach Deutschland zu transportieren und hier zu verkaufen. Natürlich hat das aber auch negative Auswirkungen auf die Umwelt. Durch die langen Transportwege wird sehr viel Energie verbraucht und die Luft wird durch Abgase stark belastet. Wahrscheinlich ist das ein Grund für den Klimawandel.

Ein weiterer Grund für die Globalisierung ist, dass Arbeitskräfte in vielen Ländern Asiens und Afrikas deutlich billiger sind als in Europa. Eine Verlagerung der Produktion ins Ausland ist für Unternehmen oft sehr lohnenswert. So werden Waren wie Jeans oder T-Shirts z. B. in Bangladesch oder Indien hergestellt, die dann in Deutschland verkauft werden. Die Arbeitsbedingungen sind aber für die Arbeitskräfte in diesen Ländern meist sehr schlecht. Sie erhalten nur einen sehr geringen Lohn, müssen oft bis zu 14 Stunden in engen Räumen arbeiten und haben keine soziale Absicherung wie Kranken- oder Rentenversicherung. Außerdem verlieren Menschen in Deutschland durch die Verlagerung von Produktionsstätten ins Ausland ihre Arbeit.

Nicht zuletzt haben sich die Kommunikationstechnologien enorm weiterentwickelt. Fax, Handy, Internet, Satellitentechnik, Computer – diese Technologien ermöglichen eine ununterbrochene weltweite Kommunikation in meist hoher Qualität und sind dazu noch preiswert. Aufträge können erteilt, Waren und Dienstleistungen günstig gekauft, Produktions- und Arbeitsprozesse auf verschiedene Kontinente verteilt und koordiniert werden.

1 Bearbeite diese Aufgabe alleine.

a) Überfliege den Text und verschaffe dir einen Überblick.

b) Lies nun die Aufgaben 2 und 3 aufmerksam durch.

c) Lies den Text daraufhin noch einmal gründlich durch. Unterstreiche wichtige Informationen zu den Aufgaben 2 und 3 und mache dir Notizen.

2 Welche Ursachen für die Globalisierung werden im Text genannt? Schreibe in vollständigen und selbst formulierten Sätzen.

3 Welche negativen Auswirkungen der Globalisierung werden im Text genannt?

Z Recherchiere unter dem Suchwort „Produktionsverlagerung" im Internet nach Firmen, die ihre Waren heute ganz oder teilweise im Ausland produzieren oder Dienstleistungszweige ins Ausland verlegt haben.

Name:	Klasse:	Datum:

Überprüfe dein Wissen! Globalisierung – Die Welt ist ein Dorf

1 **Erkläre den Begriff Globalisierung mit eigenen Worten und nenne Beispiele.**

2 **Globalisierung ist keine Erscheinung der Neuzeit. Begründe diese Aussage.**

3 **Nenne vier Ursachen dafür, dass die Globalisierung heute so weit fortgeschritten ist.**

4 **Nenne drei negative Auswirkungen der Globalisierung.**

Hinweise und Lösungen

Seite 58–59 Globalisierung: Was bedeutet das?

Hinweis zu Aufgabe 1
Nachdem die Schüler die Aufgabe zunächst alleine bearbeitet haben, ist es sinnvoll, die Ergebnisse im Plenum gemeinsam zu besprechen.

Lösungsbeispiel zu Aufgabe 1
a) Man sieht einen Globus, auf dem verschiedene Symbole, z. B. ein Computer und Obst, durch Linien verbunden sind.
b) Das Bild verdeutlicht, dass Waren über den ganzen Globus hinweg ausgetauscht werden und dass Menschen über Computer weltweit vernetzt sind. So kommt z. B. Obst aus Amerika mit dem Flugzeug nach Europa.

Hinweis zu den Aufgaben 2 bis 4
Die Schülererarbeitungen fallen individuell aus. Aufgabe 2 sollen die Schüler in Einzelarbeit bearbeiten. Die Lösung zu Aufgabe 3 kann zunächst in Partnerarbeit oder in Gruppen mit bis zu vier Schülern erarbeitet werden, um dann, z. B. an der Wand, übersichtlich präsentiert, gesammelt und ergänzt zu werden.
Für die Präsentation der Ergebnisse zu Aufgabe 4 ist es sinnvoll, wenn eine große Weltkarte an der Wand hängt. Die Schüler können kleine Klebezettel mit den jeweiligen Produkten beschriften und an entsprechender Stelle an die Karte heften.
Als Hausaufgabe können die Schüler in Geschäften und/oder im Internet Herkunftsländer weiterer Produkte erforschen, die in der nächsten Stunde auf der Landkarte ergänzt werden.

Seite 60 Globalisierung: Woher kommt das eigentlich?

Lösungserwartung zu Aufgabe 2
1. Eine Ursache für die Globalisierung ist, dass sich Menschen Dinge wünschen, die es in Deutschland gar nicht oder nur zu bestimmten Jahreszeiten gibt (z. B. Mango, Reis, Erdbeeren im Winter).
2. Eine weitere Ursache für die Globalisierung ist, dass heute Produkte schnell und kostengünstig per Containerschiff, mit Flugzeug, Eisenbahn oder auf der Straße über weite Strecken transportiert werden können.
3. Da die Arbeitnehmer in Ländern wie Bangladesch oder Indien so wenig Lohn bekommen, rechnet sich für viele Firmen die Verlagerung der Produktion ins Ausland. Diese Produkte werden dann dort hergestellt und in Deutschland verkauft.
4. Durch die Entwicklung der Kommunikationstechnologien (z. B. Handy, Internet, Satellitentechnik) ist eine schnelle und problemlose weltweite Kommunikation möglich.

Lösung zu Aufgabe 3
Durch das hohe Transportaufkommen wird sehr viel Energie verbraucht und die Luft wird durch Abgase verschmutzt. Das ist wahrscheinlich ein Grund für den Klimawandel.
Die Arbeitsbedingungen in Billiglohnländern sind oft sehr schlecht, die Arbeiter/-innen arbeiten bis zu 14 Stunden am Tag, sie sind nicht sozial abgesichert, erhalten nur einen geringen Lohn und arbeiten oft unter gesundheitsschädlichen Bedingungen.
Durch die Verlagerung der Produktion ins Ausland verlieren viele Arbeitnehmer in Deutschland ihre Arbeit.

Lösungsbeispiele zur Zusatzaufgabe
Beispiele: Ford produziert einen Kleinwagen in Indien und hat einen Teil der Buchhaltung nach Indien ausgelagert, H&M und Kik lassen T-Shirts z. B. in Bangladesch nähen, Apple lässt das iPhone in China herstellen.

Seite 61 Überprüfe dein Wissen! Globalisierung – Die Welt ist ein Dorf

Lösungserwartung zu Aufgabe 1
Globalisierung bedeutet, dass die wirtschaftlichen, kulturellen und politischen Beziehungen immer stärker und zahlreicher werden. Zwischen Ländern und Menschen gibt es einen immer größeren Austausch von Waren, Musik, Essen, Mode usw.

Lösungserwartung zu Aufgabe 2
Schon in der Antike gab es internationale Beziehungen und haben Nachbarländer Waren getauscht und gehandelt. Im späten Mittelalter wurden neue Länder und Seewege entdeckt, wodurch auch neue Handelswege entstanden. Seit damals werden Produkte wie Kakao, Kaffee oder Gewürze von weither nach Europa transportiert.

Die Lösungen zu Aufgabe 3 und 4 entsprechen den Lösungen zu Aufgabe 2 und 3 von „Globalisierung: Woher kommt das eigentlich?"; siehe oben.

Bildquellenverzeichnis

ab S. 4	Sozialform- und Zusatzaufgaben-Icons,	© Gisela Bongardt
S. 6/7/8/9/17/19	Icon: privater Haushalt,	© Gisela Bongardt
S. 6/7/8/9/17/19	Icon: Unternehmen,	© Gisela Bongardt
S. 11	Tablet,	© evgenyatamanenko – Fotolia.com
S. 11	Einkaufswagen,	© Eisenhans – Fotolia.com
S. 16/22	Fairtrade-Siegel,	© TransFair e.V.
S. 16/22	Industriemechaniker,	© ehrenberg-bilder – Fotolia.com
S. 16/22	Chef und Mitarbeiter im Gespräch,	© Tyler Olson – Fotolia.com
S. 16/22	Solarzellen auf einem Firmendach,	© Jürgen Fälchle – Fotolia.com
S. 16/22	Jugendliches Arbeitsteam in einer Ziegelei in Paraguay,	© Judas Priest88 / Wikimedia, gemeinfrei
S. 25	Illustrationen der Familie Vogt,	© Gisela Bongardt
S. 28	Lagerarbeiter,	© tiero – Fotolia.com
S. 29	Büroangestellte beim Telefonieren,	© Picture-Factory – Fotolia.com
S. 29	Fließbandproduktion von Wohnmobilen,	© industrieblick – Fotolia.com
S. 29	Busfahrer,	© Kzenon – Fotolia.com
S. 29	Maurer,	© Ingo Bartussek – Fotolia.com
S. 29	Mann arbeitet im Homeoffice,	© goodluz – Fotolia.com
S. 29	Krankenschwester in der Klinik,	© contrastwerkstatt – Fotolia.com
S. 30	Büroangestellte,	© Picture-Factory – Fotolia.com
S. 30	Arbeiter mit Helm,	© industrieblick – Fotolia.com
S. 30	Junger Arbeiter,	© Gina Sanders – Fotolia.com
S. 30	Krankenschwester im Gespräch mit Patientin,	© Misha – Fotolia.com
S. 50/56	Rundhölzer,	© majtas – Fotolia.com
S. 50/56	Hand mit Pinsel,	© deeaf – Fotolia.com
S. 50/56	Mann arbeitet mit Gehörschutz,	© jörn buchheim – Fotolia.com
S. 50/56	Spielfeld,	© Ionescu Bogdan – Fotolia.com
S. 50/56	Lieferant,	© Gina Sanders – Fotolia.com
S. 50/56	Mühlespiel,	© Siegi – Fotolia.com
S. 50/56	geöffneter Karton,	© siro46 – Fotolia.com
S. 50/56	Schleifklotz,	© Birgit Reitz-Hofmann – Fotolia.com
S. 50/56	Laptop mit Warenkorb,	© Helder Almeida – Fotolia.com
S. 58	Illustration zur Verdeutlichung der Globalisierung,	© Gisela Bongardt
S. 59	Weltkarte,	© jktu_21 – Fotolia.com